Dragostea:
Împlinirea Legii

Dragostea:
Împlinirea Legii

Dr. Jaerock Lee

Dragostea: Împlinirea Legii de Dr. Jaerock Lee
Carte publicată de către Urim Books (Reprezentant: Johnny H. kim)
235-3, Guro-dong3, Guro-gu, Seul, Coreea
www.urimbooks.com

Toate drepturile rezervate. Această carte nu poate fi reprodusă sub nicio formă, păstrată într un sistem de regăsire a informațiilor sau transmisă în vreo formă, fie electronică, mecanică, prin fotocopiere sau prin înregistrare fără acceptul prealabil, în scris, al editurii.

Citatele bilice au fost extrase din versiunea Dumitru Cornilescu.

Drepturi de autor @ 2013 Dr. Jaerock Lee
ISBN: 979-11-263-1286-3 03230

Drepturi de autor pentru traducere @ 2013 Dr. Esther K. Chung. Material folosit cu permisiune.

Prima ediție august 2013

Publicată anterior în limba coreeană în 2009 de către editura Urim Books în Seoul, Coreea

Editor Dr. Geumsun Vin
Designul executat de către editura Urim Books
Pentru informații suplimentare contactați-ne la: urimbook@hotmail.com

*„Dragostea nu face rău aproapelui:
dragostea deci este împlinirea Legii."*

Romani 13:10

Cuvânt înainte

Nădăjduiesc că cititorii vor ajunge în Noul Ierusalim prin practicarea dragostei spirituale.

O companie de reclame din Marea Britanie a făcut un sondaj de opinie pentru a afla care este cea mai rapidă modalitate de a călători din Edinburgh, Scoția, până la Londra, Anglia. Persoana al cărei răspuns a fost ales urma să primească un premiu mare. În final, a fost selectat răspunsul „călătoria împreună cu persoana iubită". Aceasta înseamnă că, dacă suntem însoțiți de persoana iubită, chiar și o călătorie lungă ni se poate părea scurtă. Tot astfel, dacă Îl iubim pe Dumnezeu, nu ne este greu să aplicăm Cuvânul Lui (1 Ioan 5:3). Dumnezeu nu ne-a dat Legea și nu ne-a spus să păzim poruncile Lui ca să ne facă viața mai grea.

Cuvântul „Lege", sau Tora, provine din limba ebraică și înseamnă „orânduieli" și „lecție". De obicei, Tora se referă la Pentateuh și include cele 10 Porunci. Însă, „Legea" se referă și la cele 66 de cărți ale Bibliei, sau la poruncile lui Dumnezeu, prin care ni se spune ce să facem, ce să nu facem, ce să împlinim și de ce să ne lepădăm. Oamenii cred că Legea și dragostea nu au de-a face una cu alta, însă cele două nu pot fi separate. Dragostea aparține lui Dumnezeu și, fără să-L iubim pe El, nu putem împlini Legea pe deplin. Legea nu poate fi împlinită decât prin dragoste.

Următoarea istorisire ne arată puterea dragostei. Un tânăr care zbura într-un avion mic deasupra unui deșert s-a prăbușit. Tatăl lui era un om foarte bogat și a angajat o echipă care să îl caute, dar a fost în zadar. Apoi a împrăștiat în deșert milioane de fluturași pe care era scris: „Fiule, te iubesc." În timp ce rătăcea prin deșert, fiul a găsit un fluturaș de la tatăl său, a prins curaj și a reușit să reziste până când a fost găsit. Dragostea adevărată a tatălui l-a salvat pe fiu. După cum acest tată a împrăștiat fluturașii prin deșert, tot astfel, și noi trebuie să împrăștiem dragostea lui Dumnezeu la cât mai multe suflete.

Dumnezeu Și-a arătat dragostea prin faptul că a trimis pe singurul Său Fiu pe pământ pentru a salva omenirea din păcat. Însă, fariseii din vremea lui Isus au fost preocupați mai mult de aplicarea regulilor pe care le-au găsit în Lege decât de înțelegerea dragostei adevărate a lui Dumnezeu. În final au ajuns să Îl condamne pe singurul Fiu al lui Dumnezeu, Isus, ca pe unul care huleşte şi desfiinţează Legea, iar mai apoi L-au răstignit. Nu au înţeles că dragostea lui Dumnezeu este încorporată în Lege.

Capitolul 13 din 1 Corinteni este considerat o descriere a „dragostei spirituale". Ne vorbeşte despre dragostea lui Dumnezeu care L-a trimis pe singurul Său Fiu pentru a ne mântui pe noi, care urma să murim datorită păcatelor, şi despre dragostea Domnului care ne-a iubit atât de mult încât S-a dezbrăcat de slava cerească şi a venit să moară pe cruce. Dacă dorim să împărtăşim dragostea lui Dumnezeu multelor suflete muritoare din lume, trebuie să înţelegem această dragoste spirituală şi să o practicăm.

„Vă dau o poruncă nouă: să vă iubiţi unii pe alţii; cum v-am iubit Eu, aşa să vă iubiţi şi voi unii pe alţii. Prin aceasta vor cunoaşte toţi că sunteţi ucenicii Mei, dacă veţi avea dragoste unii pentru alţii." (Ioan 13:34-35)

Am publicat această carte ca cititorii să-și poată verifica măsura în care au cultivat dragostea spirituală și măsura în care au fost transformați de adevăr. Îi mulțumesc lui Geumsun Vin, directoarea biroului editorial și colectivului. Sper ca toți cititorii să împlinească Legea cu dragoste și, la final, să intre în Noul Ierusalim, cel mai frumos locaș ceresc.

Jaerock Lee

Introducere

Nădăjduiesc că, prin adevărul lui Dumnezeu, cititorii vor fi schimbați fiindcă au cultivat dragostea desăvârșită.

Un canal de televiziune a făcut un sondaj de opinie în rândul femeilor căsătorite. Întrebarea a fost dacă s-ar fi căsătorit cu același bărbat în cazul în care și-ar fi putut alege soțul din nou. Rezultatele au fost șocante. Doar 4% din femei au spus că și-ar alege același soț. Cu siguranță că s-au căsătorit pentru că și-au iubit soții, dar de ce s-au răzgândit ulterior? Pentru că nu i-au iubit cu o dragoste spirituală. Această carte, „Dragostea: Împlinirea Legii" ne va învăța despre această dragoste spirituală.

În Partea 1, „Semnificația dragostei", se iau în discuție diferite tipuri de dragoste ca de exemplu cea dintre soț și soție, părinți și copii, dintre prieteni și vecini. Vom învăța care este diferența dintre dragostea firească și cea spirituală. Dragostea spirituală înseamnă să iubim pe cealaltă persoană cu o inimă neschimbătoare, fără a aștepta ceva în schimb. În contrast, dragostea firească este schimbătoare în funcție de situații și circumstanțe, de aceea dragostea spirituală este prețioasă și frumoasă.

Partea 2, „Dragostea precum în Capitolul dragostei", împarte 1 Corinteni 13 în trei capitole. Primul capitol, „Dragostea pe care o doreşte Dumnezeu" (1 Corinteni 13:1-3), este prefaţa la capitolul care pune accentul pe importanţa dragostei spirituale. Al doilea capitol, „Caracteristicile dragostei" (1 Corinteni 13:4-7), este partea principală a Capitolului dragostei şi ne prezintă cele 15 caracteristici ale dragostei spirituale. Capitolul al treilea, „Dragostea desăvârşită", este încheierea Capitolului dragostei, şi ne spune că speranţa şi credinţa sunt necesare doar pentru o vreme în călătoria noastră pe pământ, în timp ce ne îndreptăm spre Împărăţia Cerurilor, însă dragostea durează veşnic, chiar şi în Împărăţia Cerurilor.

Partea 3, „Dragostea este împlinirea Legii", explică ce înseamnă să împlinim Legea însufleţiţi de dragoste. De asemenea, ne prezintă dragostea lui Dumnezeu care ne cultivă pe noi, oamenii, pe acest pământ şi dragostea lui Cristos care a deschis pentru noi calea mânturii.

„Capitolul dragostei" este doar unul dintre cele 1189 capitole ale Bibliei. Cu toate acestea, este ca o hartă a comorii, care ne arată unde putem găsi o cantitate mare de lucruri preţioase şi ne învaţă, în detaliu, calea spre Noul Ierusalim. Totuşi, chiar dacă avem harta și știm calea, aceasta nu ne ajută la nimic atâta vreme cât nu pornim pe calea arătată. Mai precis, nu ne ajută dacă nu trăim dragostea spirituală.

Dragostea spirituală Îi este plăcută lui Dumnezeu și putem avea această dragoste în măsura în care ascultăm și punem în practică Cuvântul lui Dumnezeu, care este Adevărul. Odată ce avem dragostea spirituală, putem primi binecuvântarea și dragostea lui Dumnezeu și putem intra în Noul Ierusalim, cel mai frumos locaș ceresc. Dragostea este scopul principal pentru care Dumnezeu a creat oamenii și i-a cultivat. Mă rog ca cititorii să Îl iubească pe Dumnezeu în primul rând și să-și iubească semenii ca pe ei înșiși pentru a putea primi cheile care deschid porțile de mărgăritar ale Noului Ierusalim.

Geumsun Vin
Directoarea biroului editorial

Cuprins

Cuvânt înainte · VII

Introducere · XI

Partea 1 Semnificația dragostei

Capitolul 1 Dragostea spirituală · 2

Capitolul 2 Dragostea firească · 10

Partea 2 Dragostea precum în Capitolul dragostei

Capitolul 1 Dragostea pe care o dorește Dumnezeu · 24

Capitolul 2 Caracteristicile dragostei · 42

Capitolul 3 Dragostea desăvârșită · 160

Partea 3 Dragostea este împlinirea Legii

Capitolul 1 Dragostea lui Dumnezeu · 172

Capitolul 2 Dragostea lui Cristos · 184

„Dacă iubiți pe cei ce vă iubesc, ce răsplată vi se cuvine? Și păcătoșii iubesc pe cei ce-i iubesc pe ei."

Luca 6:32

Partea 1
Semnificația dragostei

Capitolul 1 : Dragostea spirituală

Capitolul 2 : Dragostea firească

Dragostea spirituală

„Prea iubiților, să ne iubim unii pe alții; căci dragostea este dela Dumnezeu. Și oricine iubește, este născut din Dumnezeu, și cunoaște pe Dumnezeu. Cine nu iubește, n-a cunoscut pe Dumnezeu; pentrucă Dumnezeu este dragoste."
(1 Ioan 4:7-8)

Doar la auzirea cuvântului „dragoste" inima începe să ne bată cu putere și mintea ni se tulbură puțin. Când iubim pe cineva și când arătăm mereu dragoste adevărată avem parte de o viață plină de fericire. Uneori auzim de oameni care depășesc situații de viață și de moarte prin puterea dragostei și aceasta le face viețile mai frumoase. Dragostea este necesară pentru a duce o viață fericită fiindcă are puterea de a ne schimba viața.

Dicționarul Merriam Webster Online definește dragostea ca „o afecțiune puternică pentru altul, izvorâtă din legături de rudenie sau personale" sau „afecțiune bazată pe admirație, bunăvoință sau interese comune". Însă, dragostea despre care vorbește Dumnezeu este la un nivel superior și anume dragostea spirituală. Acest fel de dragoste caută folosul altora, le aduce bucurie, speranță și viață și nu se schimbă niciodată. Mai mult, nu este doar pentru viața efemeră de pe pământ, ci ne călăuzește sufletele spre mântuire și ne dă viața veșnică.

Povestea unei femei care și-a condus soțul la biserică

A fost cândva o femeie foarte credincioasă în viața ei de creștin. Însă, soțului ei nu îi plăcea să o vadă mergând la biserică și îi crea neplăceri. În pofida acestui lucru, ea se ducea la rugaciunea de diminieață în fiecare zi și se ruga pentru soțul ei. Într-o zi, s-a dus la rugăciune dis-de-dimineață având cu ea pantofii soțului. Strângându-i tare la piept, s-a rugat cu lacrimi spunând: „Doamne, așa cum au venit acești pantofi la biserică azi, fă Tu ca posesorul lor să vină la biserică data viitoare."

După ceva vreme, s-a întâmplat ceva uimitor: soțul ei a venit la biserică. Lucrurile s-au desfășurat astfel: de la un moment dat, de câte ori pleca soțul de acasă la serviciu, acesta simțea o căldură în pantofi. Într-o zi, a văzut că soția lui se ducea undeva și îi luase pantofii, așa că s-a luat după ea. Soția a intrat într-o biserică.

Acest lucru l-a supărat, dar nu și-a putut stăpâni curiozitatea. Dorea să afle de ce îi ducea pantofii la biserică. Când a intrat pe furiș în biserică, a văzut că soția lui se ruga ținându-i pantofii la piept. A auzit rugăciunea ei și toate cuvintele pe care soția lui le rostise erau pentru binele și binecuvântarea lui. Acest lucru i-a atins inima și nu a putut decât să îi pară rău de felul în care și-a tratat soția. În final, soțul a fost atât de mișcat de dragostea soției lui pentru el încât a devenit un creștin devotat.

Cele mai multe soții care se află într-o astfel de situație vin la mine să mă rog pentru ele, spunându-mi: „Soțul meu se poartă urât cu mine pentru că vin la biserică. Rugați-vă pentru mine ca soțul meu să înceteze să mă necăjească." Eu însă le răspund: „Sfințește-te repede și umblă prin Duhul. În acest fel vei rezolva problema." Pe măsură ce se leapădă de păcate și trăiesc prin duhul, ele vor arăta soților mai multă dragoste. Ce soț și-ar trata urât soția care se sfințește și îl slujește din inimă?

În trecut, soția dădea toată vina pe soț dar, după ce a fost schimbată prin adevăr, ea a mărturisit că vina era a ei și se smerea. Astfel, lumina spirituală dă la o parte întunericul și, prin urmare, soțul poate fi și el schimbat. Cine se roagă pentru o persoană care se poartă urât? Cine se sacrifică pentru vecinii neglijaţi de alţii şi le arată dragostea adevărată? Copiii lui Dumnezeu, care au învăţat iubirea adevărată de la Domnul, sunt cei care pot arăta o astfel de dragoste şi altora.

Dragostea şi prietenia statornică dintre David şi Ionatan

Ionatan a fost unul din fiii lui Saul, primul împărat al lui Israel. Când a văzut cum David l-a doborât pe campionul filistenilor, Goliat, şi-a dat seama că David era un luptător peste care venise Duhul lui Dumnezeu. Inima lui Ionatan, care era un general al armatei, a fost atinsă de curajul lui David. Din acel moment, Ionatan l-a iubit pe David ca pe sine însuşi şi au început să dezvolte o prietenie foarte strânsă. Ionatan l-a iubit pe David atât de mult încât nu se dădea înapoi de la nimic când era vorba să facă ceva pentru David.

David sfârşise de vorbit cu Saul. Şi de atunci sufletul lui Ionatan s-a alipit de sufletul lui David, şi Ionatan l-a iubit ca pe sufletul din el. În aceeaşi zi, Saul a oprit pe David şi nu l-a lăsat să se întoarcă în casa tatălui său. Ionatan a făcut legământ cu David, pentru că-l iubea ca pe sufletul lui. A scos mantaua pe care o purta, ca s-o dea lui David; şi i-a dat hainele sale, chiar sabia, arcul şi cingatoarea lui. (1 Samuel 18:1-4)

Ionatan era urmaşul la tron, fiind cel dintâi fiu născut al

împăratului Saul. El l-ar fi putut urî pe David cu uşurinţă pentru că acesta era iubit foarte mult de oameni. Însă, el nu umbla după titlul de împărat ci, mai degrabă, când Saul încerca să îl omoare pe David ca să-şi păstreze tronul, Ionatan îşi risca propria sa viaţă pentru a-l salva pe David. Dragostea lui pentru David a ţinut până la moarte. Când Ionatan a murit în bătălia de la Ghilboa, David a plâns şi a jelit până seara.

Mă doare după tine, frate Ionatane! Tu erai plăcerea mea; dragostea ta pentru mine era minunată, mai presus de dragostea femeiască. (2 Samuel 1:26)

După ce David a ajuns împărat, l-a găsit pe Mefiboşet, singurul fiu al lui Ionatan, căruia i a înapoiat toate averile lui Saul şi a avut grijă de el, la palat, ca de propriul fiu (2 Samuel 9). Tot aşa, şi dragostea spirituală înseamnă să iubeşti pe altcineva cu o inimă neschimbătoare din toată fiinţa, chiar dacă nu ai de câştigat, ci dimpotrivă ai de pierdut. Dacă cineva se poartă frumos cu alţii pentru că speră să primească ceva în schimb, aceasta nu înseamnă că are o dragoste adevărată; sacrificiul şi dăruirea necondiţionată pentru alţii dintr-o inimă curată şi adevărată constituie dragostea spirituală.

Dragostea neschimbătoare pe care Dumnezeu şi Domnul o au pentru noi

Cei mai mulţi oameni experimentează o durere zdrobitoare

datorită dragostei firești din viața lor. Când suferim și ne simțim singuri din cauza dragostei schimbătoare, există cineva care ne mângâie și devine prietenul nostru. Aceasta este Domnul. El a fost disprețuit și părăsit de oameni chiar dacă nu avea nicio vină (Isaia 53:3), prin urmare El ne înțelege foarte bine. El și a părăsit slava cerească și a venit pe pământ pentru a suferi. Astfel, El a devenit un mângâieror și un prieten adevărat. Ne-a arătat dragoste adevărată până la moartea pe cruce.

Înainte să cred în Dumnezeu, am suferit de multe boli și am experimentat durerea și singurătatea datorate sărăciei. După ce am fost bolnav timp de șapte ani lungi, tot ce îmi rămăsese a fost trupul bolnav, o datorie care creștea, dispreț din partea oamenilor, singurătate și disperare. Toți cei în care mă încrezusem și pe care îi iubisem m-au părăsit. Însă, când mă simțeam singur în tot universul, cineva a venit la mine. Acela a fost Dumnezeu. Când L-am întâlnit, am fost vindecat imediat de toate bolile și am primit o viață nouă.

Dragostea cu care m-a iubit Dumnezeu a fost un dar fără plată. Nu am fost eu cel care să L iubească primul. El a venit la mine și Și-a întins mâinile peste mine. Când am început să citesc din Bible am putut să aud declarația de dragoste a lui Dumnezeu pentru mine.

Poate o femeie să uite copilul pe care-l alăptează, și să n-aibă milă de rodul pântecelui ei? Dar chiar dacă l-ar uita, totuș Eu nu te voi uita cu niciun chip: Iată că te-am săpat pe mânile Mele, și zidurile tale sunt totdeauna înaintea ochilor Mei! (Isaia 49:15-16)

Dragostea lui Dumnezeu față de noi s-a arătat prin faptul că Dumnezeu a trimes în lume pe singurul Său Fiu, ca noi să trăim prin El. Și dragostea stă nu în faptul că noi am iubit pe Dumnezeu, ci în faptul că El ne-a iubit pe noi, și a trimes pe Fiul Său ca jertfă de ispășire pentru păcatele noastre. (1 Ioan 4:9-10)

Dumnezeu nu m-a părăsit nici când eram în suferință și toți mă abandonaseră. Când i am simțit dragostea, nu mi-am putut stăpâni lacrimile. Puteam să văd că dragostea lui Dumnezeu este adevărată datorită durerilor prin care trecusem. Acum, am devenit pastor, un slujitor al lui Dumnezeu, care mângâie inimile multor suflete și care dorește să răsplătească harul pe care Dumnezeu mi l-a arătat.

Dumnezeu este dragostea însăși. El Și-a trimis singurul lui Fiu pe pământ pentru noi, cei păcătoși. El ne așteaptă să mergem în Împărăția Cerurilor unde ne-a pregătit multe lucruri frumoase și prețioase. Putem simți dragostea delicată și nemărginită a lui Dumnezeu când ne deschidem inimile câtuși de puțin.

În adevăr, însușirile nevăzute ale Lui, puterea Lui vecinică și dumnezeirea Lui, se văd lămurit, dela facerea lumii, când te uiți cu băgare de seamă la ele în lucrurile făcute de El. Așa că nu se pot desvinovăți. (Romani 1:20)

Gândiți-vă puțin la frumusețile naturii. Dumnezeu a făcut

cerul albastru, marea limpede, copacii și plantele pentru ca, în timpul vieții noastre pe pământ, să putem spera la Împărăția Cerurilor până când vom ajunge acolo.

De la valurile care se revarsă pe țărm până la licărirea jucăușă a stelelor, de la zgomotul asurzitor al căderii apelor în cascade până la briza care ne atinge, putem simți suflarea lui Dumnezeu care ne șoptește: „Te iubesc." Din moment ce am fost aleși să fim copii ai acestui Dumnezeu plin de dragoste, ce fel de dragoste ar trebui să avem noi? Ar trebui să avem o dragoste eternă și adevărată și nu una fără sens, care se schimbă când situația nu ne mai este prielnică.

Capitolul 2

Dragostea firească

„Dacă iubiți pe cei ce vă iubesc, ce răsplată vi se cuvine? Și păcătoșii iubesc pe cei ce-i iubesc pe ei."
Luca 6:32

Un bărbat stă în fața unei mulțimi, îndreptate spre Marea Galilee. Valurile albăstrui ale mării dinapoia lui par să danseze în adierea vântului. Toți oamenii încetează forfota ca să-I poată asculta cuvintele. Pe un ton blând dar ferm, le spunea oamenilor, împrăștiați pe o colină, să-și iubească dușmanii și să devină lumina și sarea pământului.

Dacă iubiți numai pe cei ce vă iubesc, ce răsplată mai așteptați? Nu fac așa și vameșii? Și dacă îmbrățișați cu dragoste numai pe frații voștri, ce lucru neobicinuit faceți?Oare păgânii nu fac la fel? (Matei 5:46-47)

După cum spunea Isus, atât necredincioșii cât și oamenii răi se pot arata plini de dragoste față de cei ce sunt buni cu ei sau cei de pe urma cărora pot profita. Mai există o dragoste fățarnică, care pare adevărată pe dinafară, dar care este prefăcută pe dinăuntru. Aceasta este dragostea firească care se schimbă după o vreme și se destramă datorită unor chestiuni chiar neînsemnate.

Dragostea firească se poate schimba pe neașteptate cu trecerea timpului. Dacă situația sau condițiile se schimbă, dragostea firească se poate schimba. Oamenii tind deseori să își schimbe atitudinile în funcție de avantajele sau de profitul de care ar putea avea parte. Ei dăruiesc numai după ce ei înșiși vor fi primit ceva de la alții, sau dau numai dacă acest lucru este spre folosul lor. Dacă dăruim și dorim să primim aceeași valoare înapoi, sau dacă suntem dezamăgiți când alții nu ne dau nimic în schimb, înseamnă că avem dragoste firească.

Dragostea dintre părinți și copii

Dragostea părinților care sunt mereu darnici cu copiii lor mișcă inimile multora. Părinții nu se plâng că le-ar fi greu să poarte de grijă copiilor din toată inima din pricină că îi iubesc. De regulă, părinții doresc să le dea copiilor lucruri bune chiar dacă acest lucru ar însemna ca ei înșiși să nu mănânce suficient, sau să nu fie bine îmbrăcați. Cu toate acestea, chiar și în inima părinților care își iubesc copiii se găsește totuși un loc și pentru căutarea propriilor interese.

Dacă își iubesc copiii cu adevărat, părinții ar trebui să își poată sacrifica până și viața fără să aștepte nimic în schimb. Dar, sunt mulți părinți care își cresc copiii pentru folosul lor sau să se laude cu ei. Ei le zic: „îți spun acest lucru pentru binele tău", dar, în realitate, ei încearcă să își controleze copiii așa încât să-și satisfacă propria dorință de reușită sau succes financiar. Când copiii aleg o carieră sau se căsătoresc, dacă alegerea lor nu este plăcută părinților, aceștia se opun cu tărie și devin dezamăgiți. Acest lucru nu face decât să arate că devotamentul și sacrificiul pentru copiii lor au fost, la urma urmei, condiționate. Ei așteaptă să-și împlinească dorințele prin copii în schimbul dragostei pe care le-au arătat-o.

De obicei, dragostea copiilor este mai slabă decât cea a părinților. O zicală coreeană spune: „Dacă părinții sunt bolnavi vreme îndelungată, toți copiii îi vor părăsi." Dacă părinții, bolnavi și înaintați în vârstă, nu mai au șanse de însănătoșire, iar copiii trebuie să aibă grijă de ei, copiilor le va fi din ce în ce mai greu să facă față situației. Când sunt copilași, spun lucruri de genul: „Nu mă voi căsători și voi locui cu voi, mamă și tată." Pot chiar să creadă că își doresc să locuiască cu părinții tot restul vieții. Însă, pe măsură ce cresc, interesul pentru părinți scade deoarece sunt preocupați să-și câștige existența. În vremurile nostre, inimile oamenilor sunt atât de indiferente față de păcat și răul este atât de răspândit încât uneori părinții ajung să își ucidă copiii sau viceversa.

Dragostea dintre soț și soție

Cum stau lucrurile cu dragostea dintre soț și soție? Când se curtează, își spun unul altuia tot felul de vorbe dulci de genul: „Nu pot trăi fără tine. Te voi iubi întotdeauna." Dar, ce se întâmplă după ce se căsătoresc? Devin iritați unul cu altul și spun: „Din cauza ta, nu-mi pot vedea de viață după cum mi-ar plăcea. Ești cu totul o altă persoană."

La început, obișnuiau să își mărturisească dragostea unul altuia dar, după căsătorie, deseori nu vorbesc decât de despărțire sau divorț pe motiv că provin din medii familiale diferite, au studii diferite sau personalitățile lor nu se pot armoniza. Dacă mâncarea nu este suficient de gustoasă, soțul se plânge soției spunând: „Ce fel de mâncare este asta? Nu este nimic de mâncare!" De asemenea, dacă soțul nu câștigă destui bani, soția îl cicălește spunând: „Soțul prietenei mele a fost deja avansat pe post de director iar altul pe post de director executiv... Tu când o să fii promovat?... O altă prietenă de-a mea și-a cumpărat o casă mai mare și o mașină nouă, iar noi nimic? Când vom avea și noi lucruri mai bune?"

Conform statisticilor privitoare la violența domestică în Coreea, la aproape jumătate din numărul cuplurilor căsătorite se manifestă violență față de partenerul de căsătorie. Foarte multe cupluri își pierd dragostea dintâi și ajung să se urască și să se certe. În zilele noastre, unele cupluri se despart încă din luna de miere! Durata medie a căsătoriei până la divorț devine din ce în ce mai scurtă. Au crezut că l-au iubit pe celălalt atât de mult dar, acum că locuiesc împreună, nu văd decât părțile rele. Din cauză că gândesc diferit și au gusturi diferite, sunt mereu pe picior de ceartă în fiecare chestiune. Pe măsură ce se comportă astfel, sentimentele intense de iubire pe care le-au avut ajung să-și piardă intensitatea.

Chiar dacă nu au divergențe clare unul cu altul, totuși, se obișnuiesc împreună și dragostea dintâi se răcește cu trecerea timpului. Mai apoi, încep să se uite după alți bărbați sau alte femei. Soțul este dezamăgit de soție pentru că aceasta are părul dezordonat când se trezește și, pe măsură ce îmbătrânește și se îngrașă, el nu o mai găsește atrăgătoare. Dragostea ar trebui să se adâncească cu trecerea timpului dar, în cele mai multe cazuri, acest lucru nu se întâmplă. La urma urmei, schimbarea din ei nu face decât să dovedească faptul că dragostea lor a fost o dragoste firească care-și caută doar propriile foloase.

Dragostea dintre frați

Frații care au aceiași părinți și care cresc împreună ar trebui să fie mai apropiați unul de altul decât sunt cu alți oameni. Ei se pot baza unul pe altul în multe privințe deoarece au multe în comun și dragostea lor unul pentru altul s-a adâncit de-a lungul vremii. Totuși, sunt frați și surori care simt nevoia să intre în competiție unii cu alții și ajung să fie invidioși pe ceilalți frați și surori.

Întâiul născut se poate simți neglijat din cauză că o parte din dragostea care i se cuvine este îndreptată acum spre frații sau surorile mai mici. Al doilea copil poate fi labil emoțional din cauză că se simte inferior fratelui sau surorii mai mari. Copiii care sunt la mijloc și au frați mai mici și mai mari se pot simți inferiori față de frații mai mari și frustrați față de frații mai mici în fața cărora simt că trebuie să cedeze. S-ar putea să se simtă nedreptățiți din cauză că părinții nu le acordă suficientă atenție. Dacă copiii nu adresează corect aceste sentimente, pot ajunge să dezvolte relații dificile cu frații și surorile lor.

Primul omor din istoria omenirii a avut loc între frați. S-a datorat geloziei lui Cain față de fratele lui, Abel, vizavi de binecuvântarea primită din partea lui Dumnezeu. De atunci încoace, pe parcursul istoriei omenirii, au existat mereu conflicte și neînțelegeri între frați și surori. Iosif a fost urât de frații lui și vândut ca rob în Egipt. Fiul lui David, Absalom, a pus pe unul din oamenii săi să-l ucidă pe fratele lui, Amnon. Azi, mulți frați și surori se ceartă unii cu alții pentru banii pe care părinții i-au lăsat ca moștenire și ajung astfel să se dușmănească unul pe altul.

De o gravitate mai mică sunt cazurile în care oamenii se căsătoresc și își întemeiază o familie dar nu mai pot să acorde atâta atenție fraților și surorilor ca mai înainte. Eu am fost mezinul familiei, cel mai tânăr dintre șase frați și surori. Am fost foarte iubit de frații și surorile mele, însă în cei șapte ani îndelungați când am fost imobilizat la pat din cauza diverselor boli, situația s-a schimbat. Am devenit o povară tot mai mare pentru ei. Au încercat să mă ajute să mă fac bine dar, când nu a mai fost nicio șansă de însănătoșire, mi-au întors spatele.

Dragostea dintre vecini

Coreenii au o expresie care înseamnă „verișorii din vecini". Se referă la vecinii care ne sunt la fel de apropiați ca membrii familiei. În trecut, când majoritatea oamenilor cultivau pământul, vecinii erau de neprețuit din cauză că se ajutau unii pe alții. Însă, această expresie devine din ce în ce mai irelevantă. În zilele noastre, oamenii se încuie în casă până și față de vecini. Au și sisteme de siguranță sofisticate, astfel încât oamenii nici nu mai știu cine locuiește lângă ei.

Nu le pasă de alții și nu intenționează câtuși de puțin să afle cine le sunt vecinii. Tot ce îi preocupă este propria persoană și doar rudele apropiate. Nu au încredere unii în alții. De asemenea, dacă li se pare că vecinii îi incomodează, le produc daune sau prejudicii, nu ezită să-i ostracizeze sau să se ia la harță cu ei. În zilele de azi sunt mulți oameni care îi dau în judecată pe vecini din motive puerile. Un om și-a înjunghiat vecinul din apartamentul de deasupra din cauza gălăgiei pe care o făcea.

Dragostea dintre prieteni

Cum este dragostea dintre prieteni? Poate vă gândiți că un anume prieten vă va fi alături întotdeauna. Dar, până și unul pe care îl considerați un astfel de prieten vă poate dezamăgi și vă poate lăsa cu o inimă zdrobită.

În unele cazuri, o persoană s-ar putea să ceară prietenilor o sumă mare de bani sau să îi roage sa îi devină garanți la împrumut, altfel ar da faliment. Dacă prietenii refuză, acesta va spune că prietenii l-au trădat și că nu va mai vrea să îi vadă vreodată. Cine însă greșește în acest caz?

Dacă vă iubiți cu adevărat prietenii, nu doriți să le provocați durere. Dacă sunteți pe punctul de a da faliment și prietenii devin garantori la împrumut, este foarte posibil ca, atât prietenii cât și familiile lor, să aibă de suferit împreună cu voi. Este oare dragoste adevărată care îi expune pe prieteni unui astfel de risc? Nu, aceasta nu este dragoste. Însă, în zilele noastre, astfel de lucruri sunt la ordinea zilei. Mai mult, Cuvântul lui Dumnezeu ne spune să nu împrumutăm altora, să cerem împrumut, să dăm garanții sau să devenim chezași pentru alții. Când suntem neascultători față de astfel de cuvinte ale lui Dumnezeu, în cele mai multe cazuri, Satan își face lucrarea și toți cei implicați au de suferit.

Fiule, dacă te-ai pus chezaș pentru aproapele tău, dacă te-ai prins pentru altul, dacă ești legat prin făgăduința gurii tale, dacă ești prins de cuvintele gurii tale. (Prov. 6:1-2)

Nu fii printre cei ce pun chezășii, printre cei ce dau zălog pentru datorii. (Prov. 22:26)

Unii oameni cred că este înțelept să se împrietenească cu alții în funcție de ce foloase ar putea trage de pe urma lor. În ziua de azi, este greu să găsești o persoană care, de bună voie și din dragoste adevărată pentru prieteni și vecini, ar investi timp, efort și bani.

Am avut mulți prieteni încă din copilărie. Înainte să ajung să cred în Dumnezeu, am considerat că devotamentul pentru prieteni ar fi prețios precum viața. Am crezut că prieteniile vor dura o veșnicie. Însă, după ce am zăcut bolnav timp îndelungat, mi-am dat seama pe deplin că dragostea dintre prieteni se schimbă în funcție de ce au ei de câștigat de pe urma relației.

La început, prietenii mei au încercat să găsească doctori buni sau remedii și m-au dus la medici; dar, când au văzut că nu situația mea nu se îmbunătățește deloc, unul după altul, m-au părăsit. Singurii prietenii cu care am rămas erau partenerii de băutură și jocuri de noroc. În realitate, nici chiar acei prieteni nu veneau să mă viziteze pentru că mă iubeau, ci doar pentru că aveau nevoie de un loc în care să se întâlnească. Chiar și în dragostea lor firească ei spun că se iubesc unii pe alții, dar acest lucru se schimbă repede.

Ce bine ar fi dacă părinții și copiii, frații și surorile, prietenii și vecinii, nu și-ar căuta foloasele proprii în relații și ar păstra o atitudine altruistă întotdeauna! Când se comportă astfel înseamnă că au dragoste spirituală. Însă, în cele mai multe cazuri, nu au o astfel de dragoste spirituală și nu se simt împliniți. Ei caută să fie iubiți de către membrii familiei și de cei din jur, dar, pe măsură ce fac acest lucru, e ca și cum ar bea apa sărată a mării ca să își astâmpere setea dar devin din ce în ce mai însetați după dragoste.

Blaise Pascal a spus că în inima fiecărui om există un gol în formă de Dumnezeu, gol care nu poate fi umplut de nimic altceva decât de Dumnezeu, Creatorul, care ne-a fost făcut cunoscut prin Isus. Dacă acel gol nu este umplut de dragostea lui Dumnezeu, nu vom putea găsi adevărata împlinire și nu ne vom putea găsi rostul în viață. Aceasta înseamnă oare că în lume nu există dragoste spirituală neschimbătoare? Nicidecum. Nu se găsește ușor, dar ea este prezentă. Capitolul 13 din 1 Corinteni ne descrie dragostea adevărată.

Dragostea este îndelung răbdătoare, este plină de bunătate: dragostea nu pizmuiește; dragostea nu se laudă, nu se umflă de mândrie, nu se poartă necuviincios, nu caută folosul său, nu se mânie, nu se gândește la rău, nu se bucură de nelegiuire, ci se bucură de adevăr, acopere totul, crede totul, nădăjduiește totul, sufere totul. (1 Corinteni 13:4 7)

Aceasta este dragostea pe care Dumnezeu o consideră spirituală și adevărată. Când ajungem să cunoaștem dragostea lui Dumnezeu și suntem transformați de adevăr, atunci vom dobândi dragoste spirituală. Haideți să arătăm dragoste spirituală unii altora din toată inima și cu o atitudine neschimbătoare, chiar dacă nu este în folosul nostru sau ne-ar pricinui suferință.

Moduri în care putem verifica dragostea spirituală

Unii oameni au doar impresia că Îl iubesc pe Dumnezeu. Pentru a vedea în ce măsură am cultivat adevărata dragoste spirituală și dragostea lui Dumnezeu ne putem examina sentimentele și faptele din perioada în care am trecut prin încercări, teste și dificultăți. Putem verifica în ce măsură am dat dovadă de adevărata dragoste când vedem cât de mult ne-am bucurat și am mulțumit din adâncul inimii și cât de mult am umblat în voia lui Dumnezeu.

Dacă ne plângem și avem resentimente vizavi de o situație, sau dacă ne bazăm pe soluții lumești și ne punem încrederea în oameni, înseamnă că nu avem dragoste spirituală. Acest lucru arată că Îl cunoaștem pe Dumnezeu doar la nivelul minții și nu avem o cunoștință cultivată la nivelul inimii. După cum o bancnotă falsă arată ca una adevărată când de fapt este doar o simplă bucată de hârtie, tot astfel, dragostea care este cunoscută doar la nivelul minții este o dragoste falsă, neadevărată, care nu are nicio valoare. Când dragostea noastră pentru Domnul nu se schimbă și ne încredem în Dumnezeu în orice situație ne-am afla și în orice fel de dificultate, atunci vom putea spune că vom fi cultivat dragostea adevărată și anume dragostea spirituală.

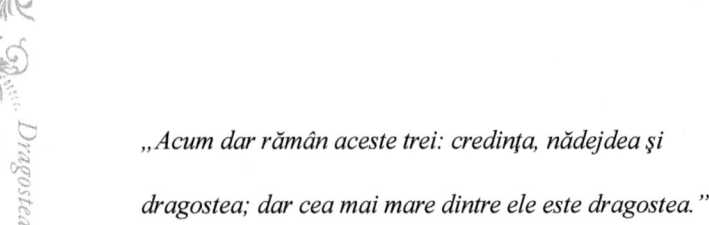

„Acum dar rămân aceste trei: credința, nădejdea și dragostea; dar cea mai mare dintre ele este dragostea."

1 Corinteni 13:13

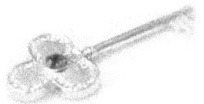

Partea 2

Dragostea precum în Capitolul dragostei

Capitolul 1 : Dragostea pe care o doreşte Dumnezeu

Capitolul 2 : Caracteristicile dragostei

Capitolul 3 : Dragostea desăvîrşită

Capitolul 1

Dragostea pe care o doreşte Dumnezeu

„Chiar dacă aş vorbi în limbi omeneşti şi îngereşti, şi n-aş avea dragoste, sunt o aramă sunătoare sau un chimval zângănitor. Şi chiar dacă aş avea darul proorociei, şi aş cunoaşte toate tainele şi toată ştiinţa; chiar dacă aş avea toată credinţa aşa încât să mut şi munţii, şi n-aş avea dragoste, nu sunt nimic. Şi chiar dacă mi-aş împărţi toată averea pentru hrana săracilor, chiar dacă mi-aş da trupul să fie ars, şi n-aş avea dragoste, nu-mi foloseşte la nimic."

1 Corinteni 13:1-3

Următoarea întâmplare a avut loc într-un orfelinat din Africa de Sud. Copiii se îmbolnăveau unul după altul și numărul celor bolnavi era în creștere. Însă, nu s-a găsit nicio cauză pentru boala lor. Orfelinatul a chemat pe niște medici celebri pentru a-i diagnostica. După ce au analizat temeinic situația, doctorii au spus: „În timp ce sunt treji, îmbrățișați-i și arătați-le dragoste timp de zece minute."

Spre surpriza lor, bolile, a căror cauză era neelucidată, au început să dispară și acest lucru se datora faptului că acești copii aveau nevoie, mai mult decât orice, de o dragoste plină de căldură. Chiar dacă nu trebuie să ne îngrijorăm de cheltuielile de trai și avem totul din belșug, fără dragoste nu putem avea speranță pentru viață sau dorință de a trăi. Putem spune că dragostea este factorul cel mai important din viețile noastre.

Importanța dragostei spirituale

Capitolul treisprezece din 1 Corinteni, care este numit și Capitolul dragostei, pune accentul încă de la început pe importanța dragostei, înainte să explice ce este dragostea spirituală. Astfel, chiar dacă vorbim în limbi omenești și îngerești, dacă nu avem dragoste, suntem doar o aramă sunătoare sau un chimval zângănitor.

Aici, limbile omenești nu se referă la vorbirea în limbi, care este unul dintre darurile Duhului Sfânt, ci la limbile pe care le folosesc oamenii pe pământ cum ar fi engleza, japoneza, franceza, rusa, etc. Cunoștințele și civilizația sunt sistematizate și transmise prin intermediul limbilor, prin urmare putem spune că puterea limbajului este foarte mare. Prin limbaj putem exprima și transmite sentimente și gânduri care pot atinge și schimba inimile multora. Limbile omenești au puterea de a mișca inimile oamenilor și de a duce la îndeplinire multe lucruri.

Limbile îngerești se referă la cuvinte frumoase. Îngerii sunt ființe spirituale care reprezintă frumusețea. Când rostesc cuvinte frumoase cu o voce plăcută, oamenii sunt comparați cu îngerii. Însă, Dumnezeu spune că, fără dragoste, vorbele elocvente ale oamenilor sau cuvintele frumoase ale îngerilor nu sunt decât o aramă sunătoare sau un chimval zângănitor (1 Corinteni 13:1).

În realitate, o bucată solidă de oțel sau cupru nu scoate un sunet puternic când este lovită. Dacă face un zgomot puternic, asta înseamnă că este goală pe dinăuntru, sau este subțire și ușoară. Chimvalele scot sunete puternice pentru că sunt confecționate dintr-o bucată subțire de alamă. La fel este și în cazul oamenilor. Suntem superiori unui spic de grâu plin de rod doar atunci când devenim copii adevărați ai lui Dumnezeu care au inimile pline de dragoste. În contrast, cei care nu au dragoste sunt ca neghina. De ce oare?

În 1 Ioan 4:7-8 ni se spune: „Prea iubiților, să ne iubim unii pe alții; căci dragostea este de la Dumnezeu. Și oricine iubește, este născut din Dumnezeu, și cunoaște pe Dumnezeu. Cine nu iubește, n-a cunoscut pe Dumnezeu; pentrucă Dumnezeu este dragoste." Prin urmare, cei care nu au dragoste, nu Îl cunosc pe Dumnezeu și sunt ca neghina, nu ca grâul.

Chiar dacă sunt frumoase şi elocvente, cuvintele acestor oameni fără dragoste nu au valoare pentru că nu pot da dragoste şi viaţă adevărată, ci aduc doar neplăcere altora pentru că sunt ca o aramă sunătoare sau un chimval zângănitor, fără prea multă greutate şi goale pe dinăuntru. Pe de altă parte, cuvintele pline de dragoste au o putere uimitoare de a da viaţă. Putem vedea acest lucru în viaţa lui Isus.

Dragostea adevărată aduce viaţă

Într-o zi, în timp ce Isus învăţa oamenii la templu, cărturarii şi fariseii au adus înaintea Lui o femeie care fusese prinsă în preacurvie. În ochii acelor cărturari şi farisei care aduseseră femeia nu se găsea niciun pic de compasiune.

I-au spus lui Isus: „Învăţătorule, femeia aceasta a fost prinsă chiar când săvârşea preacurvia. Moise, în Lege, ne-a poruncit să ucidem cu pietre pe astfel de femei: Tu dar ce zici?" (Ioan 8:4-5)

Legea în Israel este Cuvântul lui Dumnezeu şi Legea lui Dumnezeu. Legea are o prevedere prin care adulterul se pedepseşte cu moartea. Dacă Isus le-ar fi spus că, potrivit Legii, ar fi trebuit să o omoare cu pietre, aceasta ar fi însemnat că se contrazicea pe Sine din moment ce El îi învăţa pe oameni să îşi iubească duşmanii. Pe de altă parte, dacă le-ar fi spus să o ierte, ar fi încălcat Legea, adică nu ar fi respectat Cuvântul lui Dumnezeu.

Cărturarii şi fariseii se bucurau deoarece credeau că acum au găsit prilej să Îl învinuiască pe Isus. Însă, El le cunoştea inimile foarte bine, aşa că S-a aplecat şi a scris ceva cu degetul pe pământ.

După aceea, S-a ridicat și le-a spus: „Cine dintre voi este fără păcat, să arunce cel dintâi cu piatra în ea." (Ioan 8:7)

Când Isus s-a aplecat din nou să scrie cu degetul pe pământ, oamenii au început să plece unul câte unul și a rămas doar Isus cu femeia. Isus a salvat viața acestei femei fără a încălca Legea.

Ceea ce spuneau cărturarii și fariseii nu era greșit în sine pentru că ei afirmau ce scria în Legea lui Dumnezeu. Însă, motivația din spatele cuvintelor lor era foarte diferită de cea a lui Isus. Ei încercau să facă rău altora în timp ce Isus încerca să salveze sufletele.

Dacă am avea inima lui Isus, ne-am ruga să primim cuvintele cele mai potrivite pentru a întări pe ceilalți și pentru a-i conduce spre adevăr. Am încerca să aducem viață prin fiecare cuvânt pe care îl rostim. Unii oameni încearcă să îi confrunte pe alții cu Cuvântul lui Dumnezeu sau să le corecteze comportamentul scoțându-le în evidență greșelile și neajunsurile care nu li se par lor bune. Chiar dacă ceea ce spun este corect, dacă nu vorbesc din dragoste, nu pot nici să producă schimbare în alți oameni, nici să le aducă viață.

Prin urmare, trebuie să ne analizăm să vedem dacă vorbim bazați pe o neprihănire de sine și pe înțelepciunea omenească, sau dacă rostim cuvinte izvorâte din dragoste, care aduc viață altora. Spre deosebire de cuvintele lingușitoare, un cuvânt spus cu dragoste spirituală poate fi ca apa vieții care satură setea sufletească și ca nestematele prețioase care aduc bucurie și mângâiere sufletelor în durere.

Dragostea care duce la sacrificiu de sine

În general, 'profeția' se referă la evenimente care urmează să se întâmple. În sens biblic, profeția înseamnă să primești inima lui Dumnezeu, prin inspirația Duhului Sfânt, pentru un scop anume, și să vorbești despre ceva ce va avea loc în viitor. Profeția nu se poate face după voia oamenilor. În 2 Petru 1:21 ni se spune: „Căci nici o proorocie n-a fost adusă prin voia omului; ci oamenii au vorbit dela Dumnezeu, mânați de Duhul Sfânt."Acest dar al profeției nu este dat la întâmplare oricui. Dumnezeu nu dă acest dar unui om care nu este sfințit pentru că poate deveni arogant.

Darul profeției, despre care se vorbește în capitolul dragostei spirituale, nu este doar pentru un număr restrâns de oameni deosebiți. Oricine crede în Isus Cristos și trăiește în adevăr poate vedea și știi ce se întâmplă în viitor. Adică, la revenirea Domnului în văzduh, cei mântuiți vor fi răpiți și vor participa la Ospățul nunții de șapte ani, iar cei nemântuiți vor rămâne pe pământ și vor trece prin necazul cel mare care va dura șapte ani, după care va avea loc judecata dinaintea Scaunului de domnie mare și alb iar ei vor fi aruncați în iad. Însă, chiar dacă toți copiii lui Dumnezeu au darul profeției în acest fel, adică pot vorbi despre lucruri care vor avea loc în viitor, nu toți au dragoste spirituală. Din moment ce nu au această dragoste, își vor schimba atitudinea și vor căuta folosul propriu, prin urmare darul profeției nu le va fi de niciun folos. Darul însuși nu poate merge înaintea dragostei, nici nu o poate depăși.

Misterul se referă aici la taina care a fost ascunsă din veșnicii, adică propovăduirea crucii (1 Corinteni 1:18). Propovăduirea crucii deschide calea spre mântuirea oamenilor, lucru pe care Dumnezeu, în suveranitatea Sa, l-a avut în vedere din veșnicii. Dumnezeu a știut că omul va păcătui și va merge pe calea pierzării. Din acest motiv, El L-a pregătit dinainte de întemeierea lumii pe Isus Cristos ca mântuitor. Până la vremea la care urma să vină în lume, Dumnezeu a păstrat acest lucru ca o taină. De ce a făcut El acest lucru? Dacă ar fi fost făcută cunoscută calea mântuirii, nu s-ar mai fi putut îndeplini planul pentru că dușmanul diavolul și Satan ar fi intervenit (1 Corinteni 2: 6-8).

Dușmanul diavolul și Satan au crezut că, dacă Îl vor omorî pe Isus, vor putea să păstreze pentru totdeauna autoritatea pe care au primit-o de la Adam. Însă, tocmai datorită faptului că au instigat oamenii răi și L-au omorât pe Isus, calea spre mântuire a fost deschisă! Cu toate acestea, chiar dacă cunoaștem o astfel de taină, nu ne ajută la nimic dacă nu avem dragoste spirituală.

Același lucru este valabil și în cazul cunoștinței. Aici termenul cunoștință nu se referă la informații educative, ci la cunoașterea lui Dumnezeu și a adevărului din cele 66 de cărți ale Bibliei. Odată ce am ajuns să Îl cunoaștem pe Dumnezeu prin intermediul Bibliei, trebuie să avem părtășie cu El, să Îl experimentăm și să Îl credem din toată inima. Altfel, cunoștința Cuvântului lui Dumnezeu rămâne doar o informație la nivelul minții noastre. În același timp, am putea folosi cunoștința în mod greșit, în judecarea sau condamnarea altora. Prin urmare, cunoștința fără dragoste spirituală nu ne folosește la nimic.

Cum ar fi dacă am avea credință să mutăm munții? A avea

credință mare nu înseamnă a avea și dragoste mare. Oare de ce o credință mare nu înseamnă și o dragoste mare? Credința poate crește când vede semne și minuni și lucrările lui Dumnezeu. Petru a văzut multe semne și minuni făcute de Isus, de aceea a putut umbla pe apă, chiar dacă a fost pentru scurt timp. Însă, la acea vreme, Petru nu avea dragoste spirituală pentru că nu primise Duhul Sfânt. Nici nu avea inima tăiată împrejur prin lepădare de păcate, prin urmare, când i-a fost amenințată viața, s-a lepădat de Isus de trei ori.

Putem înțelege de ce credința noastră crește prin experiență, dar dragostea spirituală vine în inimile noastre doar când depunem efort, când ne dăm tot interesul și facem sacrificii pentru a ne lepăda de păcate. Dar, asta nu înseamnă că nu este nicio legătură directă între dragostea spirituală și credință. Fără fapte care să Îl reprezinte pe Domnul și fără a cultiva dragostea adevărată, ceea ce facem noi pentru Împărăția lui Dumnezeu nu Îl va reflecta deloc pe El, oricât de credincioși am încerca să fim. De aceea, Isus spune: „Niciodată nu v-am cunoscut; depărtați-vă dela Mine, voi toți cari lucrați fărădelege." (Matei 7:23)

Dragostea care aduce răsplată spirituală

De obicei, la sfârșitul anului, multe organizații și persoane fizice donează bani stațiilor de televiziune sau redacțiilor de ziar pentru a ajuta pe cei nevoiași. Ce s-ar întâmpla dacă cei de la televiziune sau ziar nu le-ar menționa numele? Sunt șanse mari că nu vor rămâne mulți oameni și companii care să mai facă donații.

Isus a spus în Matei 6:1-2: „Luați seama să nu vă îndepliniți neprihănirea voastră înaintea oamenilor, ca să fiți văzuți de ei; altminteri, nu veți avea răsplată dela Tatăl vostru care este în ceruri. Tu, dar, când faci milostenie, nu suna cu trâmbița înaintea ta, cum fac fățarnicii, în sinagogi și în ulițe, pentru ca să fie slăviți de oameni. Adevărat vă spun, că și-au luat răsplata." Dacă ajutăm pe alții ca să fim văzuți bine de oameni, vom primi laude pentru moment, dar nu vom primi răsplată de la Dumnezeu.

Dărnicia aceasta este pentru satisfacția personală sau pentru a ne lăuda. Dacă cineva face acțiuni caritabile doar de ochii oamenilor, inima i se va îngâmfa tot mai mult pe măsură ce primește aprecieri. Dacă Dumnezeu binecuvântează pe un astfel de om, el poate crede că este plăcut înaintea lui Dumnezeu. Astfel, omul acesta nu își va tăia inima împrejur și lucrurile ajung să fie în detrimentul lui. Dacă ajutați pe cei din jur din dragoste, nu vă pasă dacă primiți laude de la ceilalți sau nu. Mai degrabă, credeți că Dumnezeu Tatăl, care vede ce faceți în ascuns, vă va răsplăti (Matei 6:3-4).

Binefacerile pe care le facem în Domnul nu se reduc doar la a dărui haine sau hrană și a oferi cazare, ci se referă mai mult la pâinea spirituală care poate mântui sufletul. În ziua de azi, mulți oameni, indiferent că sunt credincioși sau nu, spun că rolul bisericii este să-i ajute pe cei bolnavi, pe cei marginalizați și pe săraci. Desigur, acest lucru nu este greșit, dar responsabilitatea primară a bisericii este să predice Evanghelia și să mântuiască sufletele oamenilor ca ei să ajungă să aibă pace spirituală. Scopul final al lucrărilor de caritate se regăsește în aceste obiective.

Prin urmare, când îi ajutăm pe alții, este foarte important să facem această lucrare de binefacere prin călăuzirea Duhului Sfânt. Dacă oferim ajutor nepotrivit cuiva, putem să-l facem pe omul respectiv să se îndepărteze mai tare de Dumnezeu. În cel mai rău caz, omul poate ajunge pe calea pierzării. De exemplu, dacă ajutăm pe cei care au ajuns săraci din cauza băuturii sau a jocurilor de noroc, sau pe cei care au dat de necaz pentru că s-au împotrivit voii lui Dumnezeu, ajutorul îi poate duce mai departe pe calea greșită. Desigur, asta nu înseamnă că nu trebuie să ajutăm pe necredincioși, ci trebuie să le arătăm dragostea lui Dumnezeu. Deci, să nu uităm că scopul principal al lucrărilor de caritate este răspândirea Evangheliei.

În cazul creștinilor întorși de curând, care au credință slabă, este important să îi încurajăm până credința li se întărește. Uneori, chiar între cei care au credință, sunt unii care au infirmități congenitale sau sunt bolnavi, iar alții au suferit de pe urma unor accidente și nu pot să-și câștige pâinea. Mai sunt și oameni în vârstă care locuiesc singuri, sau copii care trebuie să lucreze pentru a întreține familia în absența părinților. Acești oameni au neapărat nevoie să fie ajutați. Dacă îi ajutăm pe acești oameni care sunt cu adevărat în nevoie, Dumnezeu va face ca sufletul nostru să fie binecuvântat și totul să ne meargă bine.

În Faptele Apostolilor capitolul 10 citim despre Corneliu, o persoană binecuvântată. Corneliu era un om cu teamă de Dumnezeu și îi ajuta mult pe evrei. El era un sutaș, adică un ofițer care comanda o centurie în armata care ocupa Israelul. În această situație, nu îi era ușor să-i ajute pe localnici. Evreii trebuie să fi fost suspicioși și precauți vizavi de acțiunile lui, iar colegii lui de armată s-ar fi putut să fie critici la adresa lui. Însă, pentru că avea teamă de Dumnezeu, nu s-a oprit din facerea de bine. Dumnezeu a văzut faptele lui şi l-a trimis pe Petru la el acasă, astfel că nu doar familia lui, ci toţi care erau atunci în casa lui au primit Duhul Sfânt şi mântuirea.

Trebuie să facem lucrările de caritate cu dragoste spirituală însă şi dărnicia noastră trebuie să fie insuflată de aceeaşi dragoste. În Marcu 12 citim despre o văduvă care a fost lăudată de Isus pentru dărnicia ei făcută din toată inima. Ea a pus doar doi bănuţi în vistierie, dar era tot ce mai avea să trăiască. De ce o elogiază Isus? În Matei 6:21 citim: „Pentrucă unde este comoara voastră, acolo va fi şi inima voastră." După cum am văzut în cuvintele de mai sus, când văduva a dat tot ce avea, acest lucru a însemnat că inima ei era total dedicată lui Dumnezeu. A fost expresia dragostei ei pentru El. În contrast, nu este pe placul lui Dumnezeu când dăm cu şovăire sau când luăm în considerare atitudinea şi opiniile altor oameni. Prin urmare, dărnicia în astfel de condiţii nu este în folosul celui ce dă.

Haideţi să vorbim despre sacrificiul de sine. În acest context, „mi-aş da trupul să fie ars" înseamnă un sacrificiu de sine complet. De obicei, sacrificiile sunt făcute din dragoste, dar ele pot făcute şi fără dragoste. Care sunt aceste sacrificii?

Un exemplu de sacrificiu făcut fără dragoste este situaţia în care vă plângeţi de anumite lucruri după ce aţi făcut lucrarea lui Dumnezeu. Se poate să vă implicaţi din tot sufletul, să vă puneţi la dispoziţie timpul şi banii pentru lucrarea lui Dumezeu şi nimeni să nu observe și să vă laude, astfel că vă plângeți și sunteți nemulțumiți din această cauză. Altă situație este când vedeți alți credincioși că nu par atât de dedicați, deși susțin că Îl iubesc pe Dumnezeu și pe Domnul. Poate vă gândiți că ei sunt cam leneși. În fond, aveți o atitudine de condamnare și de judecată față de ei. Aceasta denotă o dorință ascunsă de a fi apreciat de alții, de a primi laude de la ei și de a vă lăuda cu credincioșia voastră. Acest fel de sacrificiu poate duce la lipsa de armonie în relații și Îl supără pe Dumnezeu. Este un exemplu de sacrificiu fără dragoste, care nu este de niciun folos.

Poate că nu vă exprimați nemulțumirea în cuvinte însă, dacă nimeni nu vă apreciază pentru credincioșia arătată în lucrarea Domnului, vă descurajați și începeți să credeți că sunteți nesemnificativi, iar râvna pentru Domnul se diminuează. Dacă cineva vă scoate în evidență greșelile sau slăbiciunile de care ați dat dovadă în lucrările în care v-ați implicați pe deplin și pe care le-ați făcut cu mult sacrificiu, s-ar putea să vă descurajați și să dați vina pe cei care vă critică. Când cineva aduce mai multă roadă decât voi și este lăudat și favorizat de alții, deveniți geloși și invidioși. În acest caz, oricât de credincioși și de implicați ați fost, nu puteți avea bucurie. Ați putea chiar renunța la lucrare.

Unii sunt însă plini de râvnă când sunt văzuți de alți oameni. Dacă nu sunt în centrul atenției și nu sunt băgați în seamă, devin leneși și se implică în lucrare pe apucate și în mod necorespunzător. În loc să se implice în lucrări care nu sunt văzute de alții, se implică doar în lucrări pe care oamenii le pot vedea pentru că doresc să fie apreciați și lăudați de cei din conducerea bisericii și de mulți alții.

Dacă oamenii au credință, cum ajung să facă sacrificii de sine fără dragoste? Acest lucru se datorează faptului că nu au dragoste spirituală. Nu au acel sentiment de apartenență în inima lor, adică credința că tot ce Îi aparține lui Dumnezeu este al lor și tot ce este al lor Îi aparține lui Dumnezeu.

De exemplu, să comparăm situația unui fermier care își lucrează propriul pământ cu cea a unuia care lucrează pământul altcuiva pe bani. Când un om își lucrează pământul propriu, se ostenește de dimineața până seara. Parcurge toate etapele procesului agricol și muncește fără răgaz. Spre deosebire de el, omul angajat să lucreze pământul altcuiva, nu muncește din greu și așteaptă să vină seara cât mai repede să își poată primi banii și să meargă acasă. La fel se întâmplă în Împărăția lui Dumnezeu. Dacă oamenii nu au dragostea lui Dumnezeu în inimă, vor lucra pentru Împărăția Lui cu superficialitate asemenea celor angajați pe bani, care sunt interesați doar de plată. Dacă nu primesc ce așteaptă, aceștia sunt nemulțumiți și se plâng.

De aceea, în Coloseni 3:23-24 ni se spune: „Orice faceți, să faceți din toată inima, ca pentru Domnul, nu ca pentru oameni, ca unii cari știți că veți primi dela Domnul răsplata moștenirii. Voi slujiți Domnului Hristos." Când ajutați pe alții, făcând sacrificii personale dar fără dragoste spirituală, nu o faceți pentru Dumnezeu, ceea ce înseamnă că nu puteți primi răsplată de la El (Matei 6:2).

Dacă dorim să ne sacrificăm cu o inimă adevărată trebuie să avem dragoste spirituală în inimă. Dacă inima ne este umplută cu dragoste adevărată, putem să continuăm să ne dedicăm viața Domnului cu tot ce avem, indiferent dacă oamenii ne recunosc meritele sau nu. După cum o lumânare este aprinsă și luminează în întuneric punând la dispoziție tot ce are, tot astfel și noi putem lăsa în mâna lui Dumnezeu tot ce avem. În Vechiul Testament, când sacrificau un animal ca jertfă de ispășire înaintea lui Dumnezeu, preoții lăsau sângele să se scurgă și ardeau grăsimea pe altar. Domnul nostru Isus, ca jertfă de ispășire, Și-a dat ultimul strop de sânge și apă pentru a răscumpăra pe toți oamenii din păcate. El ne-a dat un exemplu de sacrificiu adevărat.

De ce a fost sacrificiul Său suficient pentru ca sufletele să poată primi mântuirea? Deoarece a fost făcut din dragoste adevărată. Isus a împlinit voia lui Dumnezeu până într-acolo încât Și-a sacrificat propria viață. El a mijlocit pentru suflete chiar și în ultimele momente de pe cruce (Luca 23:34). Pentru acest sacrificiu adevărat, Dumnezeu L-a înălțat și I-a dat cea mai glorioasă poziție în Cer.

Acest lucru este afirmat în Filipeni 2:9-10 unde citim: „De aceea și Dumnezeu L-a înălțat nespus de mult, și I-a dat Numele, care este mai pe sus de orice nume; pentru ca, în Numele lui Isus, să se plece orice genunchi al celor din ceruri, de pe pământ și de supt pământ, și orice limbă să mărturisească, spre slava lui Dumnezeu Tatăl, că Isus Hristos este Domnul."

Dacă ne lepădăm de lăcomie și de dorințe necurate și ne sacrificăm cu o inimă pură ca a lui Isus, Dumnezeu ne va înălța și ne va așeza în poziții mai înalte. Domnul nostru ne face o promisiune în Matei 5:8: „Ferice de cei cu inima curată, căci ei vor vedea pe Dumnezeu!" Cu alte cuvinte, vom primi binecuvântarea de a-L putea vedea pe Dumnezeu față în față.

Dragostea care învinge nedreptatea

Pastorul Yang Won Sohn este numit „Bomba atomică a dragostei." El a dat un exemplu de sacrificiu făcut din dragoste adevărată. A îngrijit pe leproși din toată inima. Însă, a fost trimis la închisoare pentru că a refuzat să se închine în templele de război japoneze sub ocupația japoneză din Coreea. În ciuda dedicării lui în lucrarea lui Dumnezeu, a primit niște vești înspăimântătoare. În octombrie 1948, doi dintre fii lui au fost omorâți de soldații de stânga într-o revoltă împotriva autorităților aflate la putere.

Oamenii obișnuiți I s-ar fi plâns lui Dumnezeu, spunând: „Dacă Dumnezeu e adevărat, cum poate El să facă una ca asta?" Acest pastor însă a dat slavă lui Dumnezeu că cei doi fii ai săi au fost martirizați și că erau în Cer, lângă Domnul. Mai mult, el a iertat pe rebelul care i-a omorât pe cei doi fii și l-a adoptat ca fiu al său. Acest pastor i-a mulțumit lui Dumnezeu, prezentând la înmormântarea fiilor lui nouă motive de recunoștință, fapt care a atins profund inimile multor oameni.

„În primul rând, sunt recunoscător că fii mei au devenit martiri, deși erau carne din carnea mea și sânge din sângele meu, fiindcă eu sunt plin de nelegiuire.

În al doilea rând, Îi sunt recunoscător lui Dumnezeu că mi-a dat acești copii deosebiți să îmi fie familie între atâtea familii de credincioși.

În al treilea rând, Îi mulțumesc lui Dumnezeu că primul și al doilea fiu au fost sacrificați, ei fiind cei mai frumoși dintre toți copiii mei, trei băieți și trei fete.

În al patrulea rând, este greu să ai un fiu care să devină martir, dar eu dau mulțumiri pentru că am doi fii care au devenit martiri.

În al cincilea rând, este o binecuvântare ca cineva să moară cu credință și împăcat cu Domnul Isus, iar eu sunt recunoscător că au primit gloria martirajului pentru că au fost împușcați și omorâți pe când predicau Evanghelia.

În al șaselea rând, ei se pregăteau să meargă în Statele Unite ale Americii să studieze, dar acum au plecat în Împărăția Cerurilor, care este un loc mult mai bun decât Stele Unite ale Americii. Mă simt ușurat și recunoscător.

În al șaptelea rând, Îi mulțumesc lui Dumnezeu, care a făcut posibil să adopt prin plasament pe cel care mi-a omorât băieții.

În al optulea rând, sunt recunoscător pentru că martirajul fiilor mei va aduce multă roadă pentru Cer.

În al nouălea rând, Îi mulțumesc lui Dumnezeu care mi-a descoperit dragostea Lui pentru a mă putea bucura chiar și în această încercare."

Pentru a purta de grijă oamenilor bolnavi, pastorul Yang Won Sohn nu a plecat nici chiar în timpul Războiului Coreean. În final, a fost martirizat de către soldații comuniști. El a purtat de grijă oamenilor bolnavi, care erau complet neglijați de alții, iar pe dușmanul care i-a omorât copiii l-a tratat cu bunătate. A putut să se sacrifice pe sine în felul în care a făcut-o pentru că era plin de dragoste pentru Dumnezeu și pentru alte suflete.

În Coloseni 3:14, Dumnezeu ne spune: „Dar mai pe sus de toate acestea, îmbrăcați-vă cu dragostea, care este legătura desăvârșirii." Chiar dacă vorbim în limbi îngerești și profețim, chiar dacă avem credință care să poată muta munții și ne sacrificăm pentru cei în nevoie, faptele noastre nu vor fi desăvârșite înaintea lui Dumnezeu dacă nu sunt făcute în dragoste adevărată. Haideți să vedem care este semnificația fiecărei caracteristici a dragostei adevărate pentru a putea intra în dimensiunea infinită a dragostei lui Dumnezeu.

Caracteristicile dragostei

Dragostea este îndelung răbdătoare, este plină de bunătate: dragostea nu pizmuiește; dragostea nu se laudă, nu se umflă de mândrie, nu se poartă necuviincios, nu caută folosul său, nu se mânie, nu se gândește la rău, nu se bucură de nelegiuire, ci se bucură de adevăr, acopere totul, crede totul, nădăjduiește totul, sufere totul.

1 Corinteni 13:4-7

Matei 24 ne relatează cum Isus a plâns când s-a uitat spre Ierusalim, știind ca vremea cuvenită venise. El trebuia să fie răstignit pe cruce potrivit voii lui Dumnezeu, dar Se gândea la năpasta ce urma să se reverse asupra evreilor și asupra Ierusalimului. Nu S-a putut stăpâni să nu plângă. Ucenicii erau nedumeriți și L-au întrebat: „Și care va fi semnul venirii Tale și al sfârșitului veacului acestuia?" (v. 3)

Isus le-a împărtășit despre multe semne care aveau să se întâmple și, cu durere în suflet, a spus că dragostea oamenilor se va răci: „Și, din pricina înmulțirii fărădelegii, dragostea celor mai mulți se va răci"(v. 12)

Azi, este de netăgăduit faptul că dragostea oamenilor s-a răcit. Mulți caută dragostea, dar nu știu care este dragostea adevărată, adică dragostea spirituală. Nu putem dobândi dragostea adevărată doar prin simplul fapt că dorim să o avem. Însă, putem începe să ne-o însușim pe măsură ce dragostea lui Dumnezeu ne invadează inima. Doar mai apoi vom putea înțelege ce este dragostea adevărată și ne vom putea lepăda de răul din inima noastră.

Romani 5:5 spune: „Însă nădejdea aceasta nu înșeală, pentru că dragostea lui Dumnezeu a fost turnată în inimile noastre prin Duhul Sfânt, care ne-a fost dat." Deci, putem simți dragostea lui Dumnezeu prin Duhul Sfânt care locuiește în inimile noastre.

Dumnezeu ne învață despre trăsăturile caracteristice ale dragostei spirituale în 1 Corinteni 13:4-7. Copiii lui Dumnezeu trebuie să învețe care sunt aceste caracteristici și să le practice așa încât să poată deveni ambasadori ai dragostei, care îi ajută pe oameni să experimenteze dragostea spirituală.

 # 1. Dragostea este îndelung răbdătoare

Dacă cineva duce lipsă de răbdare, una din caracteristicile dragostei spirituale, acea persoană va reuși să îi descurajeze pe alții cu ușurință. Să presupunem că un manager îi dă un anumit proiect unei persoane, iar acea persoană nu face treabă bună. Atunci managerul se va grăbi să îi dea altuia acel proiect ca să-l termine. Prima persoană care primise proiectul s-ar putea descuraja pentru că nu i s-a acordat o a doua șansă de a îndrepta lucrurile nefăcute corect. Dumnezeu a lăsat ca prima caracteristică a dragostei să fie îndelunga răbdare pentru că aceasta este trăsătura esențială necesară cultivării dragostei spirituale. Dacă avem această dragoste, așteptarea nu devine plictisitoare.

Odată ce vom experimenta dragostea lui Dumnezeu, vom încerca să împărtășim această dragoste cu cei din jurul nostru. Uneori, când încercăm să îi iubim pe ceilalți cu această dragoste, s-ar putea să avem parte de reacții adverse din partea oamenilor care pot să ne rănească inima sau pot să ne producă pierderi mari sau daune de tot felul. Atunci, acei oameni nu vor mai părea iubitori, iar noi nu vom mai reuși să îi înțelegem corect. Pentru a avea dragoste spirituală, va trebui să fim plini de răbdare și să îi iubim până și pe acești oameni. Când ne ponegresc și ne urăsc, sau când vor încerca să ne pună bețe în roate fără niciun motiv, va trebui să ne călăuzim gândurile astfel încât să putem fi răbdători și iubitori.

Un membru din biserică mi-a cerut să mă rog pentru soția sa care suferea de depresie. Mi a mai spus că era bețiv și că, odată ce se apuca de băut, devenea o cu totul altă persoană care se purta urât cu ceilalți din familie. Soția lui însă avea răbdare de fiecare dată și încerca să îi acopere vina cu dragoste. Dar comportamentul lui nu se schimba deloc și, cu trecerea timpului, devenise alcoolic. Soția lui și-a pierdut pofta de viață și a căzut în depresie.

Se purta foarte urât cu familia sa din cauza băuturii, dar venise la mine să îmi ceară să mă rog pentru soția lui pentru că încă o iubea. După ce i-am ascultat povestea, i-am spus: „Dacă îți iubești soția cu adevărat, de ce îți este atât de greu să te lași de fumat și băut?" Nu a răspuns nimic și părea tare nesigur pe el. M-a durut inima pentru familia lui. M-am rugat pentru soția lui, ca aceasta să fie vindecată de depresie, și m-am rugat și pentru el, ca să primească putere să se lase de fumat și de băut. Puterea lui Dumnezeu este uimitoare! A putut să nici nu se mai gândească la băutură imediat după rugăciune. Înainte, a fost cu neputință ca omul să se fi putut opri din băut dar, după rugăciune, s-a oprit brusc. De asemenea, soția lui a fost vindecată de depresie.

Dragostea spirituală începe cu îndelungă răbdare

Pentru a putea cultiva dragostea spirituală, va trebui să avem răbdare cu ceilalți, în orice fel de situație. Vă este greu să perseverați? Sau, asemenea soției din relatare, vă descurajați după ce ați avut răbdare timp îndelungat iar situația nu s-a îmbunătățit defel? Înainte de a da vina pe circumstanțe sau pe alți oameni, trebuie mai întâi să ne verificăm inima. Dacă am cultivat pe deplin adevărul în inimile noastre, nu va exista situație în care să nu putem fi răbdători. Cu alte cuvinte, dacă nu putem avea răbdare, aceasta înseamnă că încă mai avem răutate în inimă, adică neadevăr, în aceeași măsură în care ducem lipsă de răbdare.

A răbda înseamnă a fi răbdători cu noi înșine, în toate greutățile cu care ne confruntăm când încercăm să umblăm în dragostea adevărată. S-ar putea să dăm de situații dificile când încercăm să îi iubim pe alții din dorința de a împlini Cuvântul lui Dumnezeu; în toate acele situații, a avea răbdarea dragostei spirituale înseamnă a fi răbdători.

Această răbdare se deosebește de răbdarea ca roadă a Duhului Sfânt despre care citim în Galateni 5:22-23. În ce fel se deosebește? „Răbdarea", ca una din cele nouă roade ale Duhului Sfânt, ne îndeamnă să avem răbdare în orice lucru privitor la Împărăția și la neprihănirea lui Dumnezeu, în timp ce răbdarea dragostei spirituale este răbdarea necesară cultivării dragostei spirituale, astfel că semnificația acesteia are un sens mai restrâns și mai specific. Am putea spune că face parte din răbdarea enumerată ca una cele nouă roade ale Duhului Sfânt.

În ziua de azi, oamenii îi dau în judecată pe alții pe motive de

Răbdarea ca una din cele nouă roade ale Duhului Sfânt	1. Înseamnă a ne lepăda de orice neadevăr și a ne cultiva inima cu adevăr. 2. Înseamnă a-i înțelege pe ceilalți, a le face binele și a trăi în pace cu ei. 3. Înseamnă a primi răspuns la rugăciuni, mântuire și toate lucrurile pe care Dumnezeul ni le-a promis.

nimic, chiar dacă nu au avut de suferit aproape deloc de pe urma acestora, nici din punct de vedere material, nici fizic. Procesele judecătorești curg gârlă. Deseori, își dau în judecată soția sau soțul, sau chiar și părinții sau copiii. Dacă aveți răbdare cu cei din jur, oamenii s-ar putea să vă batjocorească, spunând că sunteți proști. Însă, ce ne spune Isus?

În Matei 5:39, este scris - „Dar Eu vă spun: Să nu vă împotriviți celui ce vă face rău. Ci, oricui te lovește peste obrazul drept, întoarce-i și pe celalt" iar Matei 5:40 spune – „Orișicui vrea să se judece cu tine, și să-ți ia haina, lasă-i și cămașa."

Isus ne spune nu numai să nu răsplătim răului cu rău, ci și să fim plini de răbdare. De asemenea, ne spune să le facem bine celor ce sunt răi. Poate că ne gândim: „Cum am putea să le facem bine când suntem atât de supărați și răniți?" Când avem credință și dragoste, suntem mai mult decât capabili să o facem. Este credința în dragostea lui Dumnnezeu care L-a dat pe singurul Său Fiu ca plată pentru păcatele noastre. Dacă credem că am primit acest fel de dragoste, atunci putem să îi iertăm chiar și pe cei ce ne-au pricinuit o mare suferință și ne-au rănit. Dacă Îl iubim pe Dumnezeu, care ne-a iubit până într-acolo încât L-a dat pe singurul Său Fiu pentru noi, și dacă Îl iubim pe Domnul, care Și-a dat viața pentru noi, atunci vom putea să iubim pe oricine și pe toți.

Răbdarea nelimitată

Unii oameni își înăbușă dușmănia, mânia, firea iute sau alte emoții negative până când, în cele din urmă, ajung la capătul răbdării și explodează. Unor oameni introvertiți le este greu să își arate emoțiile, dar asta nu înseamnă că suferă mai puțin în inima lor, iar stresul excesiv produs duce la probleme de sănătate. O astfel de răbdare se aseamănă cu un arc de metal pe care ați încerca să îl comprimați, apăsându-l în jos cu palma. Însă, dacă vă luați mâna de pe el, imediat se va destinde și va sări în sus.

Dumnezeu dorește ca noi să avem răbdare până la sfârșit și această răbdare să fie neschimbătoare. Mai precis, când avem acest fel de răbdare, nu va mai trebui să fim răbdători cu nimic. Atunci nu vom lăsa dușmănia și resentimentele să locuiască în inimă, ci vom înlătura firea originară păcătoasă care ne produce astfel de sentimente negative și le vom tranforma în dragoste și compasiune. Aceasta este esența înțelesului spiritual al răbdării. Dacă nu avem niciun rău în inimă, ci numai dragoste spirituală deplină, nu va fi dificil să ne iubim dușmanii. De fapt, de la capul locului, nu vom îngădui ca dușmănia să prindă rădăcini.

Dacă inima noastră este plină de dușmănie, animozitate și gelozie, vom vedea mai întâi lucrurile negative în oameni, chiar dacă aceștia sunt oameni cu inimă bună. Este ca și cum am purta ochelari de soare și totul ar arăta mai întunecat. Pe de altă parte, totuși, dacă inimile noastre sunt pline de dragoste, chiar și oamenii care se poartă cu răutate ni se vor părea buni. Indiferent ce cusur, neajuns, greșeală sau slăbiciune ar avea, noi nu îi vom urî. Chiar dacă ei ne urăsc și se poartă cu răutate față de noi, nu îi vom urî în schimb.

Inima lui Isus care nu zdrobește o trestie frântă, nici nu stinge mucul care mai arde încă, este plină de răbdare. Ștefan a avut această răbdare în inimă când s-a rugat pentru cei care îl omorau cu pietre și a spus: „Doamne, nu le ținea în seamă păcatul acesta!" (Faptele Apostolilor 7:60) L-au omorât pentru simplul motiv că le-a predicat Evanghelia. I-a fost greu lui Isus să îi iubească pe păcătoși? Nicidecum! Acest lucru s-a datorit faptului că inima Sa a fost adevărul însuși.

Într-o zi, Petru L-a întrebat pe Isus: „Doamne, de câte ori să iert pe fratele meu când va păcătui împotriva mea? Până la șapte ori?" (Matei 18:21) Isus a răspuns: „Eu nu-ți zic până la șapte ori, ci până la șaptezeci de ori câte șapte." (v. 22)

Asta nu înseamnă că trebuie să iertăm numai de șaptezeci de ori câte șapte, adică de 490 de ori. Din punct de vedere spiritual, numărul șapte simbolizează perfecțiunea. Prin urmare, a ierta de șaptezeci de ori șapte sugerează iertarea perfectă. Putem simți dragostea și iertarea nelimitată a lui Isus.

Rădarea care produce dragoste spirituală

Desigur că nu este ușor să ne transformăm ura în dragoste peste noapte. Trebuie să avem răbdare neîncetat timp îndelungat. Efeseni 4:26 spune: „Mâniați-vă și nu păcătuiți. Să n apună soarele peste mânia voastră."

Aici, „mâniați-vă" se adresează celor care au o credință slabă. Dumnezeu le spune acestor oameni că, dacă ajung să se mânie datorită lipsei de credință, trebuie să nu lase soarele să apună peste mânia lor, adică să nu lase „mult timp" să treacă înainte de a se lepăda de acele sentimente. Fiecare om are o măsură de credință.

Chiar dacă cineva are resentimente sau mânie care-i izvorăsc din inimă, când încearcă să se lepede de acestea cu îngăduință și îndelungă răbdare, va reuși să își schimbe inima potrivit cu adevărul, iar dragostea spirituală se va adânci în inima sa, puțin câte puțin.

În ce privește firea păcătoasă care prinde rădăcini adânci în inimă, aceasta poate fi dezrădăcinată când persoana respectivă se roagă cu stăruință prin puterea Duhului Sfânt. Este foarte important să încercăm să fim îngăduitori cu oamenii pe care nu îi agreăm și să le facem bine. Când facem așa, ura din inima noastră va dispărea curând și vom putea să îi iubim pe acești oameni. Nu ne vom certa și nu vom urî pe nimeni. De asemenea, vom putea fi fericiți ca și cum am fi în Cer pentru că Domnul a spus: „Căci iată că Împărăția lui Dumnezeu este înlăuntrul vostru." (Luca 17:21)

Când sunt atât de fericiți, oamenii spun că se simt de parcă ar fi în Cer. În mod similar, a avea Împărăția Cerului înlăuntru se referă la starea în care v-ați lepădat de tot neadevărul din inimă și ați umplut-o cu adevăr, dragoste și bunătate. Atunci nu va mai fi nevoie să exersați răbdarea deoarece veți fi întotdeauna fericiți și plini de bucurie și har, și îi veți iubi pe toți cei din jur. Cu cât vă veți lepăda mai mult de rău și veți face mai mult bine, cu atât mai puțin veți avea nevoie de răbdare. Pe măsură ce dobândiți dragostea spirituală, nu veți mai avea nevoie de răbdare ca să vă înăbușiți sentimentele; veți fi răbdători și plini de pace în timp ce veți aștepta ca ceilalți să se schimbe prin dragoste.

În Cer nu sunt lacrimi, regrete și durere. Din cauză că răul lipsește complet din Cer și bunătatea și dragostea se găsesc din belșug, nu veți urî pe nimeni, nu vă veți mânia și nu vă veți pierde cumpătul. Astfel, nu va mai fi nevoie să vă înăbușiți și stăpâniți emoțiile. Bineînțeles, Dumnezeul nostru nu are nevoie de răbdare pentru că El este dragostea însăși. Ni se spune că „dragostea este plină de răbdare" din cauză că noi, oamenii, avem suflet, mod de gândire și tipare de înțelegere. Dumnezeu vrea să îi ajute pe oameni să înțeleagă adevărul. Cu cât vă lepădați mai mult de rău și faceți binele, cu atât mai puțin veți avea nevoie de răbdare.

Răbdarea face din dușman prieten

Pe vremea când erau avocați, Abraham Lincoln, cel de-al șaisprezecelea președinte, și Edwin Stanton nu se înțelegeau prea bine. Stanton provenea dintr-o familie bogată și primise o educație aleasă. Tatăl lui Lincoln fusese un cizmar sărac, care nici măcar nu terminase școala primară. Stanton l-a batjocorit pe Lincoln prin cuvinte dure. Dar Lincoln nu s-a mâniat pe acesta niciodată și nu s-a purtat cu el cu dușmănie.

După ce Lincoln a fost ales ca președinte, l-a numit pe Stanton în funcția de Ministru al Apărării, una din cele mai importante poziții din cabinet. Lincoln a știut că Stanton era omul potrivit. Ulterior, când Lincoln a fost împușcat în Teatrul Ford, mulți oameni au fugit să își scape propria viață. Dar Stanton a alergat direct la Lincoln. Ținându-l în brațe, cu ochii înlăcrimați, Stanton a spus: „Aici zace cel mai nobil om din lume. El este cel mai mare lider din istorie."

Răbdarea care vine din dragostea spirituală poate face minuni prin care dușmanii devin prieteni. Matei 5:45 spune: „... ca să fiți fii ai Tatălui vostru care este în ceruri; căci El face ca să răsară soarele şi peste cei buni, şi dă ploaie peste cei drepţi şi peste cei nedrepţi."

Dumnezeu are răbdare până şi cu cei care sunt răi, aşteptând ca aceştia să se schimbe într o bună zi. Dacă le facem rău celor răi, asta nu arată decât că şi noi suntem răi dar, dacă avem răbdare şi îi iubim, încrezându-ne în Dumnezeu care ne va răsplăti, vom primi ulterior o locuinţă cerească frumoasă (Ps. 37:8-9).

2. Dragostea este plină de bunătate

Una din fabulele lui Esop este o poveste despre soare și vânt. Într-o zi, soarele și vântul au pus pariu să vadă care va reuși să facă un trecător să își dea jos haina. Primul a fost vântul; s a umflat triumfător și a suflat atât de tare că putea să dezrădăcineze un copac. Trecătorul s-a învelit și mai bine cu haina. Apoi, soarele, cu un zâmbet larg, și-a răspândit căldura. Pe când s-a făcut cald, trecătorului nu i-a mai fost frig și curând și-a dat jos paltonul.

Această povestioară ne învață o lecție foarte bună. Vântul a încercat să îl forțeze pe om să își dea jos paltonul, dar soarele l-a făcut pe om să își dea jos paltonul de bună voie. Bunătatea are efect similar cu soarele. Bunătatea atinge și câștigă inima oamenilor nu prin forță, ci prin bunătate și dragoste.

Bunătatea acceptă pe oricine

Cel care este plin de bunătate poate accepta orice persoană și mulți își găsesc odihnă în prezența acestuia. Dicționarul definește bunătatea ca „abilitatea de a fi bun", iar a fi bun înseamnă a fi îngăduitor. Dacă vă gândiți la o bucată de vată, veți putea înțelege mai bine bunătatea. Vata nu face zgomot când alte lucruri se lovesc de ea, ci doar le învelește.

De asemenea, o persoană bună este ca un copac la umbra căruia mulți oameni se pot odihni. Dacă vă așezați sub un copac mare într-o zi caniculară de vară, ca să vă feriți de soarele arzător, vă veți simți mult mai bine și vă veți putea răcori. În mod similar, când cineva are o inimă bună, mulți vor dori să se adăpostească și să se odihnească în prezența acelei persoane.

De obicei, când un om este atât de bun și blajin încât nu se mânie pe cei care îl supără, nici nu își impune părerea, se spune că acel om este blând și cu o inimă bună. Dar, indiferent cât de bun și blând este el, dacă acea bunătate nu este plăcută lui Dumnezeu, omul respectiv nu poate fi considerat a fi cu adevărat bun. Sunt oameni care se supun altora doar pentru că au o fire mai blândă și reținută. Unii oameni reușesc să își înăbușe mânia, chiar dacă în mintea lor sunt încă mânioși pe cei care îi supără. Însă, aceștia nu pot fi considerați buni. Doar cei care se leapădă de tot răul și își umple inima cu dragoste, și îi acceptă și au răbdare cu cei răi pot fi considerați plini de blândețe din punct de vedere spiritual.

Dumnezeu dorește bunătate spirituală

Bunătatea spirituală este rezultatul umplerii cu dragoste spirituală, unde nu este loc pentru niciun rău. Când aveți o astfel de bunătate spirituală, nu vă veți împotrivi nimănui ci îi veți accepta așa cum sunt, indiferent cât de răi ar putea să fie. De asemenea, veți fi plini de răbdare pentru că sunteți înțelepți. Dar, nu uitați că nu putem fi considerați buni din simplul motiv că îi înțelegem și îi iertăm pe alții necondiționat, sau pentru că suntem îngăduitori cu ei. Trebuie să fim neprihăniți, să avem demnitate și autoritate pentru a putea să îi influențăm pe alții. Prin urmare, o persoană bună din punct de vedere spiritual nu este doar blândă, dar și înțeleaptă și dreaptă. O astfel de persoană duce o viață exemplară. Cu alte cuvinte, bunătatea spirituală presupune blândețe pe dinăuntru și generozitate virtuoasă pe dinafară. Chiar dacă avem o inimă lipsită de orice rău și plină de bunătate, dacă blândețea noastră este doar pe dinăuntru, acea blândețe de una singură nu ne poate ajuta să îi acceptăm pe alții și să avem o influență benefică asupra lor. Dar, când pe lângă bunătate în inimă, pe dinăuntru, avem și un caracter definit de generozitate virtuoasă, pe dinafară, bunătatea noastră poate ajunge să fie desărvârșită și vom avea mai multă putere. Dacă avem generozitate și o inimă plină de bunătate, putem să câștigăm inimile multor oameni și putem realiza multe lucruri.

O persoană îi poate iubi pe alții cu o dragoste adevărată când are bunătate și blândețe în inimă și când este plină de compasiune și de generozitate virtuoasă ca să poată îndruma pe alții pe calea cea dreaptă. Atunci, va putea conduce multe suflete la mântuire, adică la calea adevărată. Bunătatea din inimă nu-și poate răspândi strălucirea în lipsa acțiunilor caracterizate de generozitate virtuoasă. Haideți, dar, să ne uităm la lucrurile necesare cultivării bunătății lăuntrice.

Standardul de măsură pentru bunătatea lăuntrică este sfințirea

În primul rând, pentru a deveni buni, trebuie să ne lepădăm de orice rău din inimă și să ne sfințim. O inimă bună este ca o bucată de vată: când cineva se poartă agresiv, nu scoate niciun zgomot, ci doar îl învăluie cu drag pe omul acela. În inima celui bun nu este niciun rău astfel că persoana respectivă nu va avea niciun conflict cu o altă persoană. Însă, dacă avem o inimă țâfnoasă, plină de ură, gelozie și invidie, sau o inimă împietrită, plină de neprihănire de sine și de încăpățânare, ne va fi greu să îi acceptăm pe alții.

Dacă o piatră cade și se ciocnește de o altă piatră sau de o bucată de metal dur, va produce zgomot și va ricoșa. Tot astfel, dacă firea noastră este încă la lucru, când ne vom ciocni cu alții care, de fapt, nu sunt prea enervanți, sentimentele noastre de iritare vor ricoșa, adică vor ieși la suprafață. Când ne confruntăm cu oameni care au un caracter îndoielnic sau alte slăbiciuni, în loc să îi mângâiem, să îi apărăm sau să îi înțelegem, îi vom judeca, condamna, bârfi și calomnia. Vom fi ca un ulcior micuț care se revarsă ori de câte ori se toarnă ceva în el.

Inima plină de multe lucruri murdare, care nu are loc să accepte nimic altceva, este o inimă mică. De exemplu, ne-am putea simți jigniți dacă cineva ne-ar atrage atenția asupra greșelilor noastre. Ori, când îi vedem pe alții șușotind, vom crede că vorbesc despre noi și ne vom întreba ce își zic oare unul altuia. S-ar putea chiar să îi judecăm pe alții pentru simplul fapt că ne-au aruncat o privire în trecere.

Pentru a putea fi plini de bunătate, este esențial să nu avem niciun rău în inimă. Când nu avem niciun rău, vom putea să îi îndrăgim pe alții din inimă și îi vom putea vedea prin prisma bunătății și dragostei. Cei plini de bunătate se uită la ceilalți cu milă și compasiune tot timpul. Nu intenționează să îi judece sau să îi condamne, ci doar încearcă să îi înțeleagă cu dragoste și bunătate astfel că până și inimile celor răi se vor înmuia din pricina căldurii dragostei.

Este foarte important ca cei care îi învață și îi îndrumă pe alții să fie sfințiți. Cu cât mai mult rău au în inimă, cu atât mai mult își vor folosi resursele firești. În acest caz, nu vor putea discerne corect situațiile cu care se confruntă turma și nu vor putea să o îndrume la pășuni verzi și ape de odihnă. Numai când suntem sfințiți pe deplin vom putea primi îndrumarea Duhului Sfânt pentru a putea înțelege corect situațiile enoriașilor și pentru a-i putea îndruma pe calea cea mai benefică. Dumnezeu îi consideră cu adevărat buni doar pe aceia care s-au sfințit pe deplin. Standardele de bunătate diferă de la om la om, însă bunătatea în ochii oamenilor și bunătatea în ochii lui Dumnezeu nu este unul și același lucru.

Dumnezeu a validat bunătatea lui Moise

În Biblie, Moise a fost atestat de Dumnezeu pentru bunătatea lui. În Numeri capitolul 12, puteam vedea cât de important este să fim atestați de Dumnezeu. La un moment dat, fratele lui Moise, Aaron, și sora sa, Maria, l-au certat pe Moise pentru că acesta se căsătorise cu o femeie etiopiană.

Astfel, în Numeri 12:2 citim - „Și au zis: «Oare numai prin Moise vorbește Domnul? Nu vorbește oare și prin noi?» Și Domnul a auzit-o."

Ce le-a răspuns Dumnezeu? „Eu îi vorbesc gură către gură. Mă descopăr lui nu prin lucruri grele de înțeles, ci el vede chipul Domnului. Cum de nu v-ați temut deci să vorbiți împotriva robului Meu, împotriva lui Moise?" (Numeri 12:8)

Vorbele pline de judecată la adresa lui Moise, rostite de Aaron și Maria, L-au mâniat pe Dumnezeu. Din această cauză Maria s-a umplut de lepră. Aaron era gura lui Moise și Maria făcea parte din conducerea taberei. Din cauză că au crezut că și ei erau la fel de iubiți și validați de Dumnezeu, au considerat că erau îndreptățiți să îl critice pe Moise când au crezut că acesta greșise.

Dumnezeu nu Și-a găsit plăcerea în faptul că Aaron și Maria, potrivit standardelor lor proprii, l-au condamnat și au vorbit împotriva lui Moise. Ce fel de om era Moise? Era considerat de Dumnezeu ca fiind cel mai blând om de pe fața pământului. De asemenea, era credincios peste toată casa lui Dumnezeu și, din acest motiv, Dumnezeu i-a dat trecere mare înaintea Lui, până într-acolo încât Moise putea vorbi gură către gură cu El.

Dacă ne uităm la procesul prin care poporul Israel a ieșit din Egipt și a pornit spre Țara Promisă, vom putea înțelege de ce Dumnezeu l-a validat atât de mult pe Moise. Oamenii care au ieșit din Egipt au păcătuit în mod repetat, împotrivindu-se voii lui Dumnezeu. Au cârtit împotriva lui Moise și l-au învinovățit până și pentru încercările neînsemnate prin care treceau; acest lucru a fost echivalent cu a cârti împotriva lui Dumnezeu Însuși. De fiecare dată când s-au plâns, Moise s-a rugat lui Dumnezeu să se îndure de ei.

Într-un incident anume, bunătatea lui Moise s-a evidențiat în mod dramatic. Când Moise era sus pe Muntele Sinai ca să primească poruncile, oamenii au făcut un idol – un vițel de aur – și au mâncat, au băut și s-au îmbuibat în timp ce se închinau înaintea acestui idol. Egiptenii se închinau unui idol în formă de taur sau vacă, iar Israeliții i-au imitat. Dumnezeu le arătase de multe ori că era în mijlocul lor, dar aceștia nu dădeau niciun semn de schimbare. În cele din urmă, mânia lui Dumnezeu a căzut peste ei. Dar, în acel moment, Moise a mijlocit pentru ei și și-a pus propria viață în joc: „Iartă-le acum păcatul! Dacă nu, atunci șterge-mă din cartea Ta, pe care ai scris-o!" (Exod 32:32)

„Cartea pe care ai scris-o" se referă la cartea vieții, în care se găsesc numele celor care sunt mântuiți. Dacă numele unuia este șters din cartea vieții, acea persoană nu poate fi mântuită. Acest lucru înseamnă nu numai că acea persoană nu va putea fi mântuită, dar și că va suferi veșnic în Iad. Moise știa prea bine despre viața de după moarte, dar a dorit să îi scape pe oameni chiar dacă aceasta însemna să renunțe la propria-i mântuire pentru ei. Inima lui Moise s-a asemănat cu cea a lui Dumnezeu, inimă care nu dorește ca nimeni să piară.

Moise a devenit plin de răbdare prin suferințe

Bineînțeles, Moise nu a fost plin de răbdare de la început. Cu toate că era evreu, Moise a fost adoptat ca fiu de o prințesă egipteană și nu a dus lipsă de nimic. A primit o educație de cea mai aleasă clasă în cultura egipteană și în arta războiului. De asemenea, era foarte mândru și plin de neprihănire de sine. Într-o zi, a văzut un egiptean care se bătea cu un evreu și, simțindu-se îndreptățit, l-a omorât pe egiptean.

Din cauza acestui incident, Moise a devenit instantaneu un fugar. Din fericire, ajutat de un preot din Madian, s-a apucat de păstorit în pustie, dar asta după ce pierduse totul. Egiptenii considerau pe cei care păstoreau o turmă a fi de cea mai joasă clasă socială. Astfel, timp de patruzeci de ani, Moise a trebuit să facă ceea ce odinioară considera josnic. Între timp, s-a smerit pe deplin și a învățat multe lucruri despre dragostea lui Dumnezeu și viață.

Dumnezeu nu l-a chemat pe Moise, prințul Egiptului, să fie liderul poporului Israel. Dumnezeu l-a chemat pe Moise, păstorul, care s-a smerit de multe ori, inclusiv când a fost chemat de Dumnezeu. S-a smerit complet și și-a curățit inima de orice răutate în urma încercărilor prin care a trecut. Din acest motiv, a reușit să conducă o mulțime de mai bine de 600.000 de oameni din Egipt în Țara Promisă.

Astfel, pentru a cultiva bunătate în inimă, trebuie să învățăm să facem binele și să iubim, smerindu-ne înaintea lui Dumnezeu când trecem prin încercările îngăduite. Cu cât suntem mai smeriți, cu atât vom fi mai plini de bunătate. Dacă suntem satisfăcuți cu starea noastră prezentă, considerând că am cultivat adevărul în ceva măsură și că suntem validați de alții după cum au făcut Aaron și Maria, asta nu va face decât să devenim din ce în ce mai aroganți.

Generozitatea virtuoasă desăvârșește bunătatea spirituală

Pentru a dobândi bunătatea spirituală, trebuie nu numai să devenim sfințiți prin lepădarea de orice fel de rău, dar și să fim animați de o generozitate virtuoasă. Generozitatea virtuoasă este capacitatea de a-i înțelege și a-i accepta pe ceilalți cu adevărat, de a face ceea ce este de datoria omului și de a avea un astfel de caracter încât cei din jur să dorească să se schimbe nu prin forță ci înțelegându-și slăbiciunile și acceptându-le. Oamenii care posedă o astfel de trăsătură de caracter, dețin o dragoste care insuflă siguranța și încredere în cei din jur.

Generozitatea virtuoasă este asemenea hainelor pe care oamenii le poartă. Indiferent de cât de buni suntem pe dinăuntru, dacă umblăm în pielea goală, vom fi considerați de alții josnici. Prin urmare, indiferent de cât de buni suntem, nu vom putea să arătăm gradul de bunătate din noi decât dacă avem această generozitate virtuoasă. De exemplu, o persoană este bună pe dinăuntru dar, când vorbește cu alții, spune tot felul de lucruri care nu sunt necesare. Această persoană nu are intenții rele când face un astfel de lucru, dar îi va fi greu să câștige încrederea celor din jur pentru că nu dă impresia unui om care are o educație și maniere bune. Unii oameni nu au resentimente față de alții deoarece au bunătate și nu fac niciun rău. Dar, dacă nu îi ajută și nu se îngrijesc de ceilalți într-un mod practic și dedicat, le va fi greu să câștige inimile multor oameni.

Florile care nu au culori frumoase sau aromă plăcută nu pot atrage albinele sau fluturii chiar dacă au mult nectar. În mod similar, chiar dacă suntem suficient de buni încât să întoarcem și celălalt obraz, bunătatea noastră nu va fi remarcată de alții decât dacă dăm dovadă de această generozitate virtuoasă prin cuvintele și faptele noastre. Adevărata bunătate este dobândită și își arată valoarea reală numai atunci când bunătatea lăuntrică este îmbrăcată pe dinafară cu generozitate vituoasă.

Iosif a avut această generozitate virtuoasă. A fost al

unsprezecelea fiu al lui Iacov, tatăl întregului Israel. Frații lui l-au urât și, pe când era încă la o vârstă fragedă, l-au vândut ca rob în Egipt. Dar, cu ajutorul lui Dumnezeu, la vârsta de treizeci de ani, a devenit guvernatorul Egiptului. La acea vreme, egiptenii erau un popor foarte puternic, în stăpânirea căruia se afla Nilul. Deoarece Egiptul era considerat a fi unul din cele patru leagăne ale civilizației, conducătorii și oamenii de rând se mândreau cu moștenirea lor și nu ar fi fost un lucru ușor ca un străin să devină guvernator peste ei. Dacă acea persoană ar fi avut un defect câtuși de mic, ar fi trebuit să își dea demisia imediat.

Cu toate că se afla într-o poziție înaltă, totuși, Iosif nu s-a semețit ci, cu bunătate și smerenie, a guvernat Egiptul responsabil și înțelept, fără a greși cu vorba sau cu fapta. Un conducător înțelept și demn de urmat, măcar că era mâna dreaptă a împăratului, Iosif nu a încercat să stăpânească peste oameni sau să se pună pe sine deasupra lor. Era strict cu el însuși, dar cu ceilalți era generos și blând. Din acest motiv, împăratul și ceilalți conducători nu aveau rezerve față de el, și nu erau precauți sau invidioși pe el. Încrederea lor în Iosif era deplină. Putem deduce acest lucru din căldura cu care egiptenii i-au primit în țară pe cei din familia sa, care s-a mutat din Canaan ca să scape de foametea de acolo.

Bunătatea lui Iosif era însoțită de generozitate virtuoasă

Această generozitate virtuoasă necesită o inimă largă și, cine o are, chiar dacă este o persoană dreaptă cu vorba și cu fapta, nu va judeca sau condamna pe ceilalți prin prisma stardardelor sale proprii. Trăsătura aceasta de caracter a lui Iosif s-a vădit când frații lui, care îl vânduseră ca rob, au venit în Egipt să primească mâncare.

La început, frații nu l-au recunoscut pe Iosif. Acest lucru era de înțeles de vreme ce nu îl văzuseră timp de mai bine de douăzeci de ani. Mai mult, nici nu și-ar fi putut imagina că Iosif ajunsese guvernator peste Egipt. Dar, ce a simțit Iosif când și-a văzut frații care aproape că îl uciseră și mai apoi îl vânduseră ca rob în Egipt? Cu siguranța că avea puterea să îi facă să plătească pentru păcatul lor. În schimb, Iosif nu a dorit să se răzbune. Nu le-a spus cine era și i-a pus la încercare de câteva ori ca să vadă dacă nu cumva inima lor era aceeași ca în trecut.

De fapt, Iosif le dădea o șansă să se căiască de bună voie de păcatele lor înaintea lui Dumnezeu, pentru că păcatul de a planifica să își ucidă și să își vândă fratele ca rob într-o țară străină nu era unul ușor de trecut cu vederea. El nu i-a pedepsit sau iertat la grămadă, ci a condus lucrurile astfel încât aceștia să aibă o șansă să se căiască de la sine de păcatele lor. În final, Iosif le-a spus cine era, dar numai după ce frații și-au amintit de răul făcut și s-au căit.

În acel moment, frații s-au umplut de teamă. Viețile lor erau în mânile fratelui lor care acum era guvernatorul Egiptului, cel mai puternic popor din întreaga lume la acea vreme. Iosif nu a dorit câtuși de puțin să afle motivul pentru care aceștia făcuseră lucrurile respective. Nu i-a amenințat, spunându-le: „Acum o să plătiți pentru păcatele voastre." Mai degrabă, a încercat să îi mângâie și să îi liniștească. „Acum nu vă întristați și nu fiți mâhniți că m-ați vândut ca să fiu adus aici, căci ca să vă scap viața m-a trimes Dumnezeu înaintea voastră." (Geneza 45:5)

Iosif a recunoscut faptul că toate lucrurile făcuseră parte din planul lui Dumnezeu. Nu numai că și-a iertat frații din toată inima, dar le-a și întărit sufletul prin cuvinte mângâietoare, înțelegându-i. Prin acțiunile sale, Iosif ar fi atins până și inima dușmanilor săi, și acest lucru a denotat o generozitate virtuoasă. Bunătatea lui Iosif, însoțită de o generozitate virtuoasă, a constituit sursa de putere prin care acesta a scăpat atât de multe vieți de la moarte, nu numai în Egipt dar și în popoarele din jur, și pe baza acestor calități s-a împlinit planul lui Dumnezeu. După cum am explicat până acum, generozitatea virtuoasă este manifestarea pe dinafară a bunătății din lăuntru, iar această generozitate poate câștiga inima multor oameni și poate lucra cu putere.

Generozitatea virtuoasă reclamă sfințire

După cum bunătatea lăuntrică se poate dobândi prin sfințire, tot astfel, generozitatea virtuoasă poate fi cultivată când ne lepădăm de rău și ne sfințim. Bineînțeles, chiar dacă o persoană nu a ajuns la sfințire, ea poate totuși să facă fapte caracterizate de virtute și generozitate într-o oarecare măsură dacă învață acest lucru sau se naște cu o inimă largă. Dar, adevărata generozitate virtuoasă izvorăște dintr-o inimă în care nu este niciun rău, ci numai adevăr. Dacă dorim să cultivăm o generozitate virtuoasă desăvârșită, nu este deajuns doar să smulgem rădăcinile răului din inimă. Trebuie să ne și lepădăm de orice se pare rău (1 Tesaloniceni 5:22).

În Matei 5:48 este scris: „Voi fiți dar desăvârșiți, după cum și Tatăl vostru cel ceresc este desăvârșit." Când ne vom fi lepădat de toate felurile de rău din inimă și vom fi devenit neprihăniți în modul în care vorbim, acționăm și ne comportăm, vom putea cultiva bunătatea astfel încât mulți oameni se vor putea odihni în prezența noastră. Din acest motiv, nu trebuie să ne mulțumim când atingem, în cele din urmă, nivelul la care ne lepădăm de rău precum ura, invidia, gelozia, aronganța și mânia. Trebuie să renunțăm și la faptele trupului mai neînsemnate pe care le facem și să le înlocuim cu faptele adevărului făcute prin Cuvântul lui Dumnezeu și rugăciuni fierbinți, cu ajutorul și călăuzirea Duhului Sfânt.

Ce sunt faptele rele ale trupului? Romani 8:13 spune – „Dacă trăiți după îndemnurile ei (ale firii pământești, n.t.), veți muri; dar dacă, prin Duhul, faceți să moară faptele trupului, veți trăi."

Cuvântul „trup" în textul nostru nu se referă doar la trupul nostru fizic. În sens spiritual, trupul se referă la trupul omului după ce adevărul s-a scurs din el. De aceea, faptele trupului se referă la faptele care izvorăsc din neadevărul care a invadat omenirea și s-a transformat în fire. Faptele trupului includ nu numai păcate deslușite dar și tot felul de fapte sau acțiuni imperfecte.

Am experimentat un lucru ciudat în trecut. Ori de câte ori atingeam un obiect, parcă mă electrocuta și mă făcea să tresar. Am început să mă tem a mai atinge ceva. Bineînțeles, ulterior, ori de câte ori atingeam ceva, mă rugam și mă încredeam în Domnul. Când atingeam obiectele cu mare atenție, nu mai experimentam acel şoc electric. Când deschideam o uşă, apucam clanţa cu delicateţe. A trebuit să fiu foarte atent şi când dădeam mâna cu membrii bisericii. Acest fenomen a continuat câteva luni la rând, timp în care am ajuns să mă comport precaut şi cu delicateţe. Mai târziu, mi-am dat seama că Dumnezeu a făcut ca faptele trupului meu să devină desăvârşite prin aceste experienţe.

Unii poate consideră acest aspect banal, dar modul în care o persoană se comportă este foarte important. Unii oameni, în mod obişnuit, fac contact fizic cu alţii când râd sau vorbesc cu cei de lângă ei. Alţii sunt gălăgioşi indiferent unde s-ar afla şi îi incomodează pe cei din jur. Cu toate că aceste comportamente nu constituie greşeli mari, totuşi, ele sunt fapte imperfecte ale trupului. Cei care au generozite virtuoasă se comportă cu neprihănire în viaţa de zi cu zi, şi mulţi oameni doresc să se odihnească în prezenta lor.

Schimbarea caracterului inimii

Următorul lucru pe care trebuie să îl facem este să cultivăm caracterul inimii noastre aşa încât să dobândească generozitate virtuoasă. Caracterul inimii este determinat de mărimea inimii. Potrivit cu caracterul inimii fiecăruia, unii oameni fac mai mult decât ceea ce li s-a cerut, în timp ce alţii fac doar cât li s-a cerut, dacă nu şi mai puţin. O persoană cu generozitate virtuoasă are un caracter mărinimos aşa încât nu se îngrijeşte doar de sine însăşi ci şi de ceilalţi din jur.

Filipeni 2:4 spune – „Fiecare din voi să se uite nu la foloasele lui, ci şi la foloasele altora." Acest caracter al inimii se poate modifica în funcție de cât de mult ne lărgim inima în toate circumstanțele astfel încât, cu eforturi susținute, vom putea să ne schimbăm acest caracter. Dacă suntem nerăbdători și ne căutăm doar propriile foloase, am face bine dacă ne am ruga pe îndelete și ne-am schimba mintea îngustă cu una capabilă să se uite mai întâi la foloasele altora.

Înainte de a fi vândut în Egypt, Iosif a crescut ca plantele și florile din seră. Nu a putut să se ocupe de fiecare situație din casă și nici nu a cunoscut inimile fraților lui, pe care tatăl său nu îi iubea. Prin felurite încercări, inima lui Iosif a dobândit abilitatea de a observa și a pune în ordine lucrurile din jur și a învățat cum să ia în considerare dorințele inimilor altora.

Dumnezeu a lărgit inima lui Iosif ca să îl pregătească pentru vremea la care acesta avea să devină guvernatorul Egiptului. Dacă dobândim acest caracter al inimii, împreună cu bunătate și neprihănire, și noi, la rândul nostru, vom putea conduce organizații mari. Aceasta este o trăsătură de caracter pe care orice lider ar trebui să o aibă.

Binecuvântările primite de cel blând

Ce fel de binecuvântări va primi cel care a dobândit bunătatea desăvârșită în urma lepădării de orice rău din inimă și cultivării unei generozități virtuoase pe dinafară? Matei 5:5 spune - „Ferice de cei blânzi, căci ei vor moșteni pământul", iar în Psalmul 37:11 citim – „Cei blânzi moștenesc țara, și au belșug de pace." Cu alte cuvinte, cei blânzi pot moșteni pământul. Aici pământul simbolizează locuința din Împărăția Cerului, iar a moșteni pământul înseamnă „a se bucura de putere mare în Cer în viitor".

De ce s-ar bucura de autoritate mare în Cer? O persoană blândă întărește alte suflete cu o dragoste ca a Tatălui care le atinge inimile. Cu cât mai blând devine un om, cu atât mai multe suflete se vor odihni în prezența sa și vor fi călăuzite spre mântuire. Când devenim oameni de seamă, în prezența cărora mulți își găsesc odihnă, aceasta înseamnă că vom fi slujit pe alții într-o măsură mare. Autoritatea cerească va fi dată celor care slujesc. Matei 23:11 spune: „Cel mai mare dintre voi să fie slujitorul vostru."

Prin urmare, o persoană blândă se va bucura de putere mare și va moșteni o bucată de pământ mare și întinsă ca locuință cerească când va ajunge acolo. Chiar și pe acest pământ, cei care au putere mare, avuții, renume și autoritate, sunt urmăriți cu interes de mulți oameni. Dar dacă pierd totul, vor pierde mai toată autoritatea și mulți oameni care inițial fuseseră admiratori, acum îi vor părăsi. Autoritatea spirituală a unei persoane blânde este diferită de cea lumească. Nici nu dispare, nici nu se schimbă. Pe acest pământ, când îi merge bine sufletului, omul respectiv va reuși în tot ce face. Tot astfel, și în Cer, el va fi iubit mult de Dumnezeu o veșnicie întreagă și va fi respectat de nenumărate suflete.

3. Dragostea nu pizmuieşte, nu este geloasă

Nişte studenţi foarte buni îşi pun laolaltă notiţele legate de întrebările la care nu răspunseseră corect la test. Examinează motivul pentru care au răspuns greşit şi încearcă să înţeleagă mai complet subiectul respectiv înainte de a merge mai departe. Ei spun că această metodă este foarte eficientă când vor să înveţe într-un timp scurt un subiect pe care-l găsesc dificil. Aceeaşi metodă poate fi aplicată şi în cazul cultivării dragostei spirituale. Dacă ne examinăm faptele şi vorbele în detaliu şi ne lepădăm de slăbiciuni una după alta, vom putea să dobândim dragoste spirituală într-o perioadă scurtă de timp. Haideţi să ne uităm la următoarea trăsătură caracteristică a dragostei spirituale – „Dragostea nu pizmuieşte, nu este geloasă."

Gelozia apare când un sentiment de amărăciune invidioasă şi nefericire se adânceşte şi fapte rele sunt comise faţă de o altă persoană. Dacă avem un sentiment de gelozie şi invidie în minte, vom avea parte de sentimente neplăcute când altul este lăudat sau favorizat. Dacă întâlnim o persoană care este mai cultă decât noi, mai bogată şi mai competentă, sau dacă un coleg de serviciu este promovat şi favorizat de mulţi oameni, putem deveni invidioşi. Uneori am putea ajunge chiar să urâm acea persoană, să dorim să o escrocăm şi să o călcăm în picioare.

Pe de altă parte, s-ar putea să ne simţim descurajaţi şi să ne spunem în sine: „De ce cutare este atât de favorizat de alţii, dar eu nu? Sunt un nimic!" Cu alte cuvinte, ne-am putea simţi demoralizaţi pentru că ne comparăm cu alţii. Când ne simţim descurajați, unii nu cred că este vorba de gelozie. Însă, dragostea se bucură de adevăr. Deci, dacă avem dragoste adevărată, ne vom bucura când o altă persoană are parte de succes. Dacă suntem descurajați și ne mustrăm pe noi înșine, sau nu ne bucurăm de adevăr, aceasta este din cauză că eul nostru este încă la lucru. Când eul nostru este activ, suntem răniți în amorul propriu când ne simțim mai prejos de alții.

Când o minte invidioasă este nestrunită și mai apoi duce la cuvinte și fapte pline de răutate, aceasta este tocmai gelozia despre care se vorbește în Capitolul Dragostei. Dacă gelozia se adâncește în inima unui om, ea poate să facă acea persoană nu numai să rănească pe alții dar chiar să îi și ucidă. Gelozia este manifestarea în exterior a unei inimi pline de răutate și necurăție. Prin urmare, este dificil pentru cei care sunt geloși să primească mântuire (Galateni 5:19-21) pentru că invidia este o lucrare a firii, deci un păcat vizibil, comis pe dinafară. Gelozia se împarte în mai multe categorii.

Gelozia în relațiile romantice

Gelozia este stârnită la acțiune când o persoană aflată într-o relație dorește să primească mai multă dragoste și favoare de la celălalt decât i se oferă. De exemplu, cele două neveste ale lui Iacov, Lea și Rahela, erau geloase una pe alta și fiecare dorea să fie favorizată de Iacov. Lea și Rahela erau surori, amândouă fiice ale lui Laban, unchiul lui Iacov.

Iacov a primit pe Lea ca nevastă prin înșelăciunea unchiului său, Laban, în ciuda dorinței lui de a se căsători cu Rahela, sora mai tânără a Leii, pe care o iubea. După ce l-a slujit pe unchiul său timp de 14 ani, Iacov a primit-o pe Rahela ca nevastă. De la capul locului, Iacov a iubit-o pe Rahela mai mult decât pe Lea. Dar Lea a născut patru copii în timp ce Rahela nu a reușit să nască nici unul.

La acea vreme, era un lucru rușinos pentru o femeie să nu aibă copii. Acest lucru a făcut ca Rahela să fie invidioasă pe sora sa, Lea, în mod continuu. Era atât de orbită de gelozie încât îi făcea zile negre și soțului ei, Iacov. „Dă-mi copii, ori mor!" (Geneza 30:1)

Atât Rahela cât și Lea i le-au dat pe slujitoarele lor lui Iacov în calitate de concubine cu care acesta să aibă relații intime. Dacă ar fi avut o dragoste adevărată câtuși de mică, s-ar fi putut bucura când cealaltă era mai favorizată de soțul lor. Gelozia i-a făcut pe toți – Lea, Rahela și Iacov – nefericiți. Mai mult, și copiii au fost afectați.

Gelozia care apare când situațiile altora sunt mai favorabile

Gelozia fiecărui individ este diferită în funcție de valorile pe care care le deține fiecare. Dar, de obicei, când alții sunt mai bogați, mai culți și mai competenți decât noi, sau când alții sunt mai favorizați sau iubiți, am putea deveni geloși. Nu este greu să devenim geloși la școală, la lucru sau în familie când vedem că altcineva are o situație mai bună decât noi. Când unul de aceeași vârstă cu noi este promovat și are mai mult succes decât noi, am putea ajunge să îl urâm sau să îl bârfim. Am putea ajunge să credem că pentru a avea parte de mai mult succes și favoare trebuie să îi călcăm pe ceilalți în picioare.

De exemplu, din dorința de a fi promovați în compania la care lucrează, unii oameni vorbesc despre greșelile și defectele colegilor de serviciu și îi fac astfel, în mod nejustificat, să devină suspectați și luați la întrebări de către șefii lor. Studenții tineri nu sunt o excepție din această categorie. Unii studenți îi sâcâie sau îi intimidează pe studenții care o trecere mai mare înaintea profesorului. În familii, copiii se bârfesc și se ceartă unii cu alții pentru a primi mai multă atenție și favoare din partea părinților. Alții fac acest lucru din cauză că doresc să primească o moștenire mai mare de la părinți.

Acest lucru a fost adevărat în cazul lui Cain, primul ucigaș din istoria omenirii. Dumnezeu a acceptat doar jertfa adusă de Abel. Cain s-a simțit trecut cu vederea și, pe măsură ce gelozia creștea în lăuntrul său, a ajuns să-l ucidă pe Abel, propriul frate. Probabil că era foarte familiarizat cu aducerea de jertfe de sânge animal din cauză că auzise asta în repetate rânduri de la părinții lui, Adam și Eva. „Și, după Lege, aproape totul este curățit cu sânge; și fără vărsare de sânge, nu este iertare." (Evrei 9:22)

Cu toate acestea, Cain a adus jertfe din roadele pământului pe care îl lucrase. În schimb, Abel a adus o jertfă din oile întâi născute ale turmei, potrivit cu voia lui Dumnezeu. Unii s-ar putea să spună că nu a fost dificil pentru Abel să aducă o astfel de jertfă deoarece era cioban, dar acest lucru nu este adevărat. El învățase de la părinții lui care era voia lui Dumnezeu și a dorit să acționeze în conformitate cu ea. Din acest motiv, Dumnezeu a acceptat numai jertfa lui Abel. În loc să se căiască de propria-i greșeală, Cain a devenit invidios pe fratele său. Din momentul în care această gelozie s-a instalat, flacăra ei nu a mai putut fi stinsă și, în cele din urmă, Cain l-a omorât pe fratele său, Abel. Cât de multă durere trebuie să fi îndurat Adam și Eva din această cauză!

Gelozia dintre frații în credință

Unii credincioși sunt invidioși pe o soră sau un frate în credință care are un rang mai înalt, o poziție mai bună, mai multă credință sau este mai credincios lui Dumnezeu decât sunt ei. Un astfel de fenomen apare atunci când cealaltă persoană este de aceeași vârstă, are același statut social și a fost credincioasă de tot atâta vreme, sau când persoana respectivă este o cunoștință apropiată.

După cum ni se spune în Matei 19:30 – „Dar mulți din cei dintâi vor fi cei din urmă, și mulți din cei din urmă vor fi cei dintâi" – uneori, cei care au mai puțini ani de credință decât noi, sunt mai tineri și au o slujbă în biserică mai inferioară, pot să ne întreacă. Atunci, s-ar putea să simțim o gelozie puternică împotriva lor. Ea poate fi prezentă între pastori și membrii bisericii, între biserici și chiar între diferite organizații creștine. Când o persoană Îi dă slavă lui Dumnezeu, noi toți ar trebui să ne bucurăm laolaltă. Cu toate acestea, unii preferă să-i defăimeze pe ceilalți ca eretici în încercarea de a ponegri numele altor oameni sau organizații. Ce ar spune părinții ai căror copii se ceartă unul cu altul și se urăsc? Chiar dacă copiii le dau mâncare bună și lucruri bune, nu vor fi fericiți. În același fel, dacă credincioșii, care sunt copii ai lui Dumnezeu, se luptă și se ceartă unii cu alții, sau dacă există gelozie între biserici, aceste lucruri Îl vor face pe Dumnezeu să Se întristeze foarte mult.

Gelozia lui Saul împotriva lui David

Saul a fost primul împărat a lui Israel. El și-a irosit viața fiind gelos pe David. Din perspectiva lui Saul, David era cavalerul în armură strălucitoare care a salvat țara. Când soldații deveniseră demoralizați din cauza intimidării produse de Goliat, uriașul filistean, David s-a umplut de un curaj colosal și l-a învins pe campionul filistenilor cu o simplă praștie. În urma acestei întâmplări, Israel a ieșit învingător. De atunci încolo, David a făcut multe fapte remarcabile în încercarea de a apăra țara împotriva filistenilor. Problema dintre Saul și David a apărut la acest moment din istorie. Saul a auzit spuse care l-au deranjat foarte mult, rostite de mulțimile ce îl aclamau pe David când acesta se întorcea victorios de pe câmpul de luptă. Spusele sunau astfel: „Saul a bătut miile lui, iar David zecile lui de mii." (1 Samuel 18:7)

Saul s-a simțit foarte nesigur și și-a spus: „Cum de îndrăznesc să mă compare cu David? Nu-i decât un cioban tinerel!"

Mânia lui s-a tot intensificat pe măsură ce a continuat să se gândească la spusele mulțimii. A considerat că nu a fost corect ca oamenii să îl laude atât de mult pe David și, de atunci încolo, toate acțiunile lui David au devenit suspecte în ochii lui Saul. Probabil că Saul credea că David încerca să câștige inimile oamenilor. Acum, săgeata mâniei lui Saul era ațintită asupra lui David. Se gândea: „Dacă David a câștigat deja inimile oamenilor, o răzvrătire împotriva mea este doar o chestiune de timp!"

Pe măsură ce gândurile lui deveneau din ce în ce mai exagerate, Saul căuta o oportunitate să îl omoare pe David. La un moment dat, Saul era chinuit de duhuri rele și David cânta la harpă pentru el. Profitând de ocazie, Saul și-a lansat săgeata în direcția lui

David. Din fericire, David a reușit să se ferească și a scăpat cu viață. Saul a continuat să se țină pe urmele lui David cu armata sa.

În pofida tuturor acestor lucruri, David nu avea nicio dorință să îi facă rău lui Saul pentru că împăratul fusese uns de Dumnezeu, iar împăratul Saul știa acest lucru. Dar, flacăra geloziei lui Saul care s-a aprins nu s-a potolit. Saul a continuat să fie apăsat de gânduri negre care izvorau din gelozie. Din cauza geloziei împotriva lui David, Saul nu a găsit odihnă decât după ce a fost omorât într-o luptă împotriva filistenilor.

Cei care au fost geloși pe Moise

Numeri 16 ne relatează întâmplarea cu Core, Datan și Abiram. Core era un levit, iar Datan și Abiram erau din tribul lui Ruben. Ei îl dușmăneau pe Moise și pe Aaron, fratele și ajutorul acestuia. Aveau resentimente vizavi de faptul că Moise fusese prințul Egiptului iar acum era conducătorul lor, un fugar și cioban din Madian. De fapt, ei înșiși doreau să devină conducători. Așadar, au determinat pe oameni să se alăture grupului lor.

Core, Datan și Abiram au adunat 250 de oameni care să îi urmeze și astfel au crezut că vor putea să preia controlul. S-au dus la Moise și Aaron și s-au certat cu ei. Au spus: „Destul! Căci toată adunarea, toți sunt sfinți, și Domnul este în mijlocul lor. Pentruce vă ridicați voi mai pesus de adunarea Domnului?" (Numeri 16:3)

Cu toate că a fost confruntat fără nicio rezervă, Moise nu le-a răspuns nimic înapoi. A îngenunchiat doar înaintea lui Dumnezeu să se roage și a încercat să le arate greșeala pe care o făcuseră, iar mai apoi a cerut ca Dumnezeu să judece. Atunci, mânia lui Dumnezeu s-a aprins împotriva lui Core, Datan,

Abiram și a tuturor celor ce erau de partea lor. Pământul s-a deschis și Core, Datan și Abiram, împreună cu soțiile, fiii și pruncii lor au fost înghițiți de vii. De asemenea, din cer a coborât un foc care i-a mistuit pe toți cei două sute cincizeci de oameni care aduceau tămâie.

Moise nu le făcuse niciun rău oamenilor (Numeri 16:15). Își dăduse toată silința să fie un lider bun. Din când în când, prin semnele și minunile pe care le făcea, le arăta oamenilor că Dumnezeu era cu ei. Le-a arătat cele zece urgii din Egipt, apoi i-a trecut prin Marea Roșie pe uscat, despicând marea în două. Le-a scos apă din stâncă și le-a dat mană și prepelițe în pustie. În pofida tuturor acestor dovezi, oamenii s-au ridicat împotriva lui Moise și l-au acuzat că se preamărea de unul singur.

De asemenea, Dumnezeu le-a arătat oamenilor ce păcat mare era să se ridice împotriva lui Moise. A judeca și condamna un om pe care Dumnezeu l-a ales este la fel cu a-L judeca și condamna pe Dumnezeu Însuși. De aceea, trebuie să nu criticăm cu ușurință bisericile și organizațiile care operează în numele Domnului, spunând că greșesc sau sunt eretice. De vreme ce toți suntem frați și surori în Dumnezeu, gelozia din mijlocul nostru este un păcat mare înaintea lui Dumnezeu.

Gelozia cauzată de lucruri neînsemnate

Putem noi oare să obținem ceea ce dorim prin faptul că suntem geloși? În niciun caz! Am putea crea situații dificile pentru alți oameni și ni s-ar putea părea că îi întrecem dar, de fapt, nu vom putea obține ceea ce ne dorim. Iacov 4:2 spune: „Voi poftiți, și nu aveți; ucideți, pizmuiți, și nu izbutiți să căpătați; vă certați, și vă luptați..."

În loc să fim geloși, ne-ar prinde bine să luăm aminte la spusele din Iov 4:8 – „Din câte am văzut eu, numai cei ce ară fărădelegea și seamănă nelegiuirea îi seceră roadele!" Răul pe care-l faceți se va întoarce la voi asemenea unui bumerang.

Ca răsplată pentru răul pe care îl semănați, s-ar putea să aveți parte de nenorociri în familie sau la locul de muncă. Potrivit cu ceea ce scrie în Proverbe 14:30 – „O inimă liniștită este viața trupului, dar pizma este putrezirea oaselor" – gelozia nu face decât să vă rănească și, prin urmare, este lipsită de orice noimă. De aceea, dacă vreți să îi depășiți pe alții, va trebui să vă sfătuiți cu Dumnezeul care controlează toate lucrurile, în loc să vă irosiți energia cu gânduri și fapte pline de gelozie.

Bineînțeles, nu veți primi tot ce veți cere. În Iacov 4:3, ni se spune: „Cereți și nu căpătați, pentrucă cereți rău, cu gând să risipiți în plăcerile voastre." Dacă cereți un lucru pe care intenționați să îl folosiți pentru propria plăcere, nu-l veți putea primi pentru că nu aceasta este voia lui Dumnezeu. De cele mai multe ori, oamenii cer mânați de tot felul de pofte. Cer averi, renume și autoritate pentru confortul propriu și din lipsă de smerenie. Acest lucru mă întristează când îl întâlnesc în lucrarea mea. Adevărata și reala binecuvântare nu stă în a fi bogat, renumit și influent, ci în a-i merge bine sufletului.

Indiferent de cât de multe lucruri aveți și de cât de mult vă bucurați de ele, la ce vă folosește dacă nu sunteți mântuiți? Ce trebuie să ne reamintim este faptul că toate lucrurile de pe acest pământ vor dispărea ca ceața. În 1 Ioan 2:17 ni se spune – „Căci tot ce este în lume: pofta firii pământești, pofta ochilor și lăudăroșia vieții, nu este dela Tatăl, ci din lume" iar în Eclesiastul

12:8 citim – „O, deșertăciune a deșertăciunilor, zice Eclesiastul; totul este deșertăciune."

Trag nădejde că nu veți deveni geloși pe frații și surorile voastre, agățându-vă de lucrurile neînsemnate ale lumii, ci că veți avea o inimă dreaptă în ochii lui Dumnezeu. Atunci, Dumnezeu vă va răspunde după dorințele inimii voastre și vă va da Împărăția veșnică a Cerurilor.

Gelozia și dorința spirituală

Oamenii cred în Dumnezeu și, totuși, devin geloși pentru că au credință mică și dragoste puțină. Dacă dragostea voastră pentru Dumnezeu și credința în Împărăția Cerurilor este mică, s-ar putea să deveniți geloși, animați fiind de dorința de a dobândi mai multe avuții, renume și putere lumească. Dacă sunteți pe deplin încredințați de drepturile voastre ca și copii ai lui Dumnezeu și ca cetățeni ai Cerului, îi veți prețui pe frații și surorile în Cristos mai mult decât pe cei din familia lumească pentru că știți că veți fi cu ei o veșnicie întreagă în Cer.

Cei necredincioși, care nu L-au primit pe Isus Cristos, au și ei valoare, iar noi ar trebui să îi îndrumăm spre Împărăția Cerurilor. Cu această încredințare, pe măsură ce cultivăm adevărata dragoste în noi, vom ajunge să ne iubim aproapele ca pe noi înșine. Astfel, când altora le va merge mai bine decât nouă, vom putea să ne bucurăm pentru ei ca și cum ne-am bucura pentru noi înșine. Cei care au o credință adevărată nu vor umbla după lucrurile neînsemnate ale lumii, ci se vor strădui să facă lucrarea Domnnului cu sârguință pentru a putea lua Împărăția Cerurilor cu năvală. Cu alte cuvinte, aceștia vor avea dorințe spirituale.

> Din zilele lui Ioan Botezătorul până acum, Împărăția cerurilor se ia cu năvală, și ceice dau năvală, pun mâna pe ea. (Matei 11:12)

Dorința spirituală este, cu siguranță, diferită de gelozie. Este important să dorim să fim entuziasmați și credincioși în lucrarea Domnului. Dar, dacă acea pasiune devine exagerată și se depărtează de adevăr sau îi face pe alții să se poticnească, atunci ea nu va fi acceptată. În timp ce suntem plini de zel în lucrarea noastră pentru Domnul, trebuie să ne îngrijim de nevoile oamenilor din jurul nostru, să le căutăm folosul și să trăim în pace cu toți.

4. Dragostea nu se laudă

Unii oameni se laudă singuri în mod constant. Nu le pasă cum îi fac pe alții să se simtă când se laudă. Nu vor decât să-și dea aere în timp ce caută să fie aprobați de alții. Pe când era foarte tânăr, Iosif s-a lăudat cu visul său. Acest lucru i-a făcut pe frații lui să îl urască. De vreme ce tatăl îl iubea în mod aparte, el nu a înțeles inima fraților săi. Mai târziu, Iosif a fost vândut ca rob în Egipt și a trecut prin multe încercări înainte să dobândească o dragoste spirituală. Unii oameni, înainte să dobândească o dragoste spirituală, s-ar putea să producă dezbinare, dându-și aere și punându-se mai presus de ceilalți. De aceea, Dumnezeu spune: „Dragostea nu se laudă."

Simplu spus, a se lăuda înseamnă a se da mare. De obicei, oamenii doresc să fie apreciați când fac sau au un lucru mai bun decât alții. Care este efectul unei astfel de laude?

Spre exemplu, unii părinți se laudă și se mândresc cu un copil care învață foarte bine. Cu toate că unii se vor bucura alături de ei, totuși, majoritatea vor fi răniți în amorul propriu și vor avea resentimente față de ei. S-ar putea chiar să îl certe pe copil fără motiv. Indiferent de cât de bun este copilul vostru în școală, dacă aveți cât de puțină bunătate datorită căreia să vă pese de cum s-ar putea simți alții, nu vă veți lăuda cu copilul într-o astfel de manieră. De asemenea, veți dori ca și copilul aproapelui să învețe bine și, dacă acest lucru se întâmplă, îl veți lăuda cu bucurie.

Cei mândri tind să nu fie prea dispuși să aprecieze și să laude lucrurile bune făcute de alții. Într-un fel sau altul, tind să îi înjosească pe alții deoarece cred că, pe măsură ce alții sunt promovați, ei rămân relativ în obscuritate. Acesta este doar unul din modurile în care mândria creează probleme. Când cineva se poartă astfel, inima semețită este departe de dragostea adevărată. Poate vă gândiți că dacă vă dați importanță veți fi apreciați, dar asta nu face decât să vă împiedice să primiți respect sincer și dragoste adevărată. În loc să îi faceți pe oamenii din jur să se uite cu respect la voi, veți atrage dispreț și gelozie. „Dumnezeu stă împotriva celor mândri, dar dă har celor smeriți."

Lăudăroșia vieții vine din dragostea de lume

De ce se laudă oamenii pe ei înșiși? Se laudă din cauză că lăudăroșia vieții sălășluiește în ei. Lăudăroșia vieții se referă la „firea care se laudă cu plăcerile acestei lumi". Aceasta vine din dragostea de lume. Oamenii se laudă cu lucrurile pe care ei le consideră importante. Cei care iubesc banii, se vor lăuda cu banii pe care îi au, iar cei care pun preț pe înfățișarea exterioară, se vor lăuda cu asta. Cu alte cuvinte, pun banii, înfățișarea exterioară, renumele sau poziția socială mai presus de Dumnezeu.

Unul din membrii bisericii noastre a avut o afacere prosperă prin care vindea computere diferitelor industrii din Coreea. Apoi, a dorit să își extindă afacerea. A luat tot felul de împrumuturi și a investit într-o franciză de tip Internet café și Internet broadcasting. A creat o companie cu un capital inițial de două miliarde de woni, adică aproximativ 2 milioane de dolari americani.

Dar afacerea nu prea dădea randament și pierderile suferite s-au înmulțit până când compania a dat, în cele din urmă, faliment. Casa i-a fost scoasă la licitație, iar creditorii îl urmăreau pe tot locul. A trebuit să locuiască în case mici, la demisol sau pe acoperiș. Acum a început să se uite înapoi la viața lui. Și-a dat seama că își dorea să se laude cu succesul său și că era lacom după bani. A văzut cum le-a făcut viața grea oamenilor din jurul său din cauză că încercase să se întindă mai mult decât i-a fost pătura.

După ce s-a pocăit înaintea lui Dumnezeu, din toată inima, și s-a lepădat de lăcomie, a devenit fericit chiar dacă acum curăța conductele de canalizare și fosele septice. Dumnezeu a luat aminte la situația sa și i-a arătat o modalitate nouă de a începe o afacere. Acum omul respectiv umblă pe calea cea dreaptă tot timpul, iar afacerea sa prosperă.

În 1 Ioan 2:15-16 ni se spune – „Nu iubiți lumea, nici lucrurile din lume. Dacă iubește cineva lumea, dragostea Tatălui nu este în El. Căci tot ce este în lume: pofta firii pământești, pofta ochilor și lăudăroșia vieții nu este de la Tatăl, ci din lume."

Ezechia, al treisprezecelea împărat al lui Iuda, în sud, a fost neprihănit în ochii lui Dumnezeu; el a curățat templul de idoli. Prin rugăciune, a înăbușit invazia asiriană. Când s-a îmbolnăvit, s-a rugat cu lacrimi și Dumnezeu i-a prelungit viața cu 15 ani. Cu toate acestea, lăudăroșia vieții încă locuia în el. După ce Ezechia s-a făcut bine, împăratul Babilonului a trimis niște soli.

Ezechia s-a bucurat să îi primească și le-a arătat toate lucrurile de preț, argintul și aurul, mirodeniile și untdelemnul cel scump, casa lui cu arme și tot ce se afla în vistieriile lui. Din cauză că s-a lăudat, Iuda, Regatul de Sud, a fost invadat de babilonieni și toate averile au fost acaparate (Isaia 39:1-6). Lăudăroșia vine din dragostea de lume și acest lucru înseamnă că dragostea lui Dumnezeu nu locuiește în acea persoană. De aceea, pentru a cultiva dragostea adevărată, trebuie să eliminăm lăudăroșia vieții din inimă.

Cine se laudă, să se laude în Domnul

Există, totuși, un fel de lăudăroșie care este bună. Aceasta este lăudăroșia în Domnul, după cum este scris în 2 Corinteni 10:17 – „Oricine se laudă, să se laude în Domnul." A se lăuda în Domnul înseamnă a-I da slavă lui Dumnezeu – cu cât mai multă slavă, cu atât mai bine. Un bun exemplu de o astfel de lăudăroșie este „mărturia personală".

Pavel spune în Galateni 6:14 – „În ce mă privește, departe de mine gîndul să mă laud cu altceva decât cu crucea Domnului nostru Isus Hristos, prin care lumea este răstignită față de mine, și eu față de lume!"

După cum a spus, ne lăudăm cu Isus Cristos care ne-a mântuit și ne-a dat intrare liberă în Împărăția Cerurilor. Din cauza păcatelor noastre, eram sortiți morții veșnice dar, mulțumită lui Isus care a plătit prețul pentru noi pe cruce, am primit viață veșnică. Cât de recunoscători trebuie să fim!

Din acest motiv, în 2 Corinteni 12:9, Pavel s-a lăudat cu slăbiciunile lui, spunând: „Și El mi-a zis: «Harul Meu îți este de ajuns; căci puterea Mea în slăbiciune este făcută desăvârșită.» Deci mă voi lăuda mult mai bucuros cu slăbiciunile mele, pentruca puterea lui Hristos să rămână în mine."

De fapt, Pavel a făcut foarte multe semne și minuni, iar oamenii au dus la bolnavi basmale sau șorțuri pe care acesta le atinsese iar ei se făceau bine. Pe parcursul celor trei călătorii misionare, a condus mulți oameni la Domnul și a plantat biserici în multe orașe. Dar, Pavel spune că, de fapt, nu el făcuse niciuna din acele lucrări. Singurile lucruri cu care se lăuda erau harul lui Dumnezeu și puterea Domnului prin care făcuse ceea ce făcuse.

Azi, mulți oameni depun mărturie despre cum L-au întânit și experimentat pe Dumnezeul cel viu în viața de zi cu zi. Mărturisesc despre dragostea lui Dumnezeu când spun că au fost vindecați de boli, au primit binecuvântări financiare, sau au experimentat pace în familie când L-au căutat pe Dumnezeu din toată inima și, din dragoste pentru El, au făcut binele.

Proverbe 8:17 spune – „Eu iubesc pe ceice mă iubesc, și cei ce mă caută cu totdinadinsul mă găsesc." Acești oameni sunt recunoscători pentru că au experimentat dragostea cea mare a lui Dumnezeu și au ajuns să aibă o credință mare, ceea ce înseamnă că au primit binecuvântări spirituale. O astfel de lăudăroșie în Domnul îi aduce slavă lui Dumnezeu și sădește credință și viață în inimile oamenilor. Când fac astfel, ei își adună comori în Cer și dorințele inimii lor se vor înfăptui mult mai repede.

Dar trebuie să fim atenți la un lucru. Unii oameni spun că Îi dau slavă lui Dumnezeu dar, de fapt, ei încearcă să atragă atenția asupra lor înșiși sau asupra faptelor făcute. Indirect, lasă să se înțeleagă că au fost binecuvântați din cauza propriilor lor eforturi. Par a-I da slavă lui Dumnezeu dar, în realitate, cred că reușita se datorează puterilor proprii. Satan va aduce acuzații împotriva acestor oameni. În cele din urmă, lauda de sine va fi scoasă la iveală. Acești oameni s-ar putea să aibă parte de tot felul de încercări și neajunsuri sau, dacă nimeni nu le dă atenție, s-ar putea să se depărteze de Dumnezeu.

Romani 15:2 spune – „Fiecare din noi să placă aproapelui, în ce este bine, în vederea zidirii altora." După cum este scris, trebuie să ne încurajăm aproapele și să semănăm credință și viață în cei din jur întotdeauna. După cum apa este purificată când trece printr-un filtru, tot astfel, și noi ar trebui să avem un filtru prin care să treacă cuvintele înainte de a fi rostite. Trebuie să ne gândim dinainte dacă cuvintele noastre ar aduce încurajare sau ar răni sentimentele celor ce le aud.

Lepădarea de lăudăroșia vieții

Chiar dacă sunt multe lucruri cu care să se laude, nimeni nu trăiește o veșnicie. După ce își va fi trăit viața pe acest pământ, fiecare va merge fie în Cer, fie în Iad. În Cer, până și străzile pe care pășim sunt făcute din aur, și bogățiile de acolo nu pot fi comparate cu cele din lumea noastră. Cu alte cuvine, lăudăroșia în lumea asta este lipsită de noimă. De asemenea, chiar dacă o persoană este foarte bogată, are renume, este inteligentă și influentă, la ce îi folosește să se laude cu toate acestea dacă merge în Iad?

Isus a spus: „Și la ce ar folosi unui om să câștige toată lumea, dacă și-ar pierde sufletul? Sau, ce ar da un om în schimb pentru sufletul său? Căci Fiul omului are să vină în slava Tatălui, cu îngerii Săi; și atunci va răsplăti fiecăruia după faptele lui." (Matei 16:26-27)

Lăudăroșia lumii nu conduce niciodată la viață veșnică sau împlinire. Dimpotrivă, dă naștere unor dorințe fără noimă și conduce la pieire. Când devenim conștienți de acest lucru și ne umplem inimile cu nădejdea Cerului, atunci vom primi puterea să ne lepădăm de lădăroșia vieții. Putem face o analogie cu un copil căruia nu îi este greu să renunțe la jucăria sa veche și fără valoare când primește una nouă. Deoarece noi deja am auzit de frumusețea plină de splendoare a Împărăției Cerurilor, nu ne vom agăța de lucrurile lumii acesteia, nici nu ne vom lupta să le obținem.

Odată ce ne lepădăm de lăudăroșia vieții, ne vom lăuda numai cu Isus Cristos. Vom considera că nu merită să ne lăudăm cu nimic din lumea asta; ne vom lăuda doar cu slava de care vom avea parte veșnic în Împărăția Cerurilor. Apoi, vom fi umpluți cu o bucurie de care nu avusesem parte înainte. Chiar dacă vom avea parte de momente dificile în viață, nu le vom percepe ca împovărătoare. Vom mulțumi doar pentru dragostea lui Dumnezeu care L-a dat pe Singurul Său Fiu, Isus, care ne-a mântuit și, ca urmare, vom putea fi plini de bucurie în toate situațiile. Dacă nu căutăm lăudăroșia vieții, nu ne vom simți flatați când cineva ne va lăuda, nici nu vom deveni descurajați când altcineva ne va critica. Când primim laude, ne vom cerceta cu smerenie, iar când suntem mustrați, vom aduce doar mulțumiri și vom încerca să ne schimbăm mai mult în bine.

5. Dragostea nu este arogantă, nu se umflă de mândrie

Cei care se laudă singuri, se simt superiori celor din jur și devin aroganți. Dacă viața le merge bine, vor crede că acest lucru se datorează faptului că au făcut treabă bună și vor deveni îngâmfați și leneși. Biblia spune că unul din lucrurile rele pe care Dumnezeu îl urăște cel mai mult este aroganța. Ea a condus la construirea Turnului Babel când oamenii au vrut să se arate mai buni ca Dumnezeu, iar acest eveniment a dat naștere diferitelor limbi vorbite.

Trăsăturile de caracter ale oamenilor aroganți

O persoană arogantă se crede mai bună decât alții și se uită la ceilalți cu dispreț și lipsă de apreciere. Un astfel de om se simte superior celorlalți în toate aspectele și se crede cel mai bun. Disprețuiește, n-are pic de considerație și încearcă să îi învețe pe cei din jur. Nu-i este greu deloc să aibă o astfel de atitudine arogantă față de cei care îi par inferiori. În aroganța sa excesivă, nu ține seama de cei care i-au dat învățătură și de cei care îi sunt superiori în afacere sau poziție socială. Nu este dispus să asculte sfaturile, mustrările și îndrumarea celor cărora le este subaltern. Se va plânge, zicând: „Cel care conduce spune cutare sau cutare lucru din cauză că nu are nicio idee despre ce este vorba", sau „Eu le știu pe toate și știu ce am de făcut."

O astfel de persoană este cauza multor certuri și zavistii.

Proverbe 13:10 spune: „Prin mândrie se ațâță numai certuri, dar înțelepciunea este cu cel ce ascultă sfaturile."

În 2 Timotei 2:23 citim: „Ferește-te de întrebările nebune și nefolositoare, căci știi că dau naștere la certuri." De aceea este o nebunie și o greșeală să credeți că numai voi aveți dreptate.

Conștiința și cunoștința diferă de la om la om. Acest lucru se datorează faptului că fiecare individ este unic în modul în care vede, aude, experimentează și este învățat. Dar, mult din cunoștința unei persoane este greșită și o parte din ea este înmagazinată incorect. Dacă acea cunoștință se cimentează înăuntru de-a lungul timpului, aceasta duce la neprihănire de sine și la tipare greșite. Neprihănirea de sine face ca o persoană să creadă că doar ea are dreptate și, când devine un stil de viață, dă naștere unor tipare greșite de gândire. Unii oameni își creează tiparele de gândire pe baza personalității lor sau a cunoștințelor pe care le dețin.

Tiparele de gândire sunt ca scheletul unui trup omenesc: dă formă trupului și, odată alcătuit, este greu de schimbat. Multe din gândurile oamenilor vin din neprihănire de sine și tipare deja stabilite. O persoană care se simte inferioară este peste măsură de afectată când alții o acuză de ceva. Sau, după cum spune un proverb, dacă o persoană bogată își ajustează ținuta, oamenii cred că se laudă cu hainele. Când cineva folosește un limbaj dificil sau neobișnuit, oamenii cred că acesta își dă importanță datorită cunoștințelor sale și îi privește de sus.

Am învățat de la educatoarea mea din clasele primare că Statuia Libertății era în San Francisco. Îmi amintesc cu claritate cum mi-a arătat o poză și o hartă a Statelor Unite. La începutul anilor 90, am mers în Statele Unite și am organizat un eveniment de trezire spirituală. Doar atunci am aflat că, de fapt, Statuia Libertății se află în New York.

Din perspectiva mea, Statuia Libertății trebuia să fie în San Francisco, deci nu am înțeles de ce era în New York. Am întrebat în jurul meu și mi s-a spus că, de fapt, era în New York. Mi-am dat seama că informația pe care o credeam adevărată, s-a dovedit a fi incorectă. În acel moment, m-am gândit că poate și ceea ce credeam că este adevărat era, de fapt, fals. Mulți oameni cred și insistă asupra unor lucruri care nu sunt corecte.

Chiar dacă nu au dreptate, cei aroganți nu vor admite acest lucru, ci vor continua să insiste că au dreptate și asta va duce la certuri. Dar, cei smeriți nu se vor certa nici atunci când cealaltă persoană nu are dreptate. Chiar dacă sunt 100% siguri că au dreptate, totuși, ei lasă loc posibilității de a fi incorecți deoarece nu caută să câștige o discuție în defavoarea altora.

O inimă smerită are dragostea spirituală care îi consideră pe alții mai presus decât pe sine. Chiar dacă alții sunt mai săraci, mai puțin educați sau au un statut social inferior lor, cei cu o minte smerită îi vor considera mai buni decât ei, și vor face asta cu toată inima. Toate sufletele sunt foarte valoroase pentru că sunt vrednice de sângele pe care Isus l-a vărsat pe cruce.

Aroganța firească și aroganța spirituală

Când cineva umblă în neadevăr și se laudă pe sine, își dă importanță sau se uită de sus la alții, aroganța firească bate la ușa lui. Pe de-o parte, când Îl primim pe Domnul și ajungem să cunoaștem adevărul, putem să ne lepădăm relativ ușor de aceste atribute ale aroganței firești. Pe de altă parte, nu este ușor să ne dăm seama de aroganța spirituală și să ne lepădăm de ea. De fapt, ce este aroganța spirituală?

După ce frecventați biserica o perioadă îndelungată, acumulați multe cunoștințe din Cuvântul lui Dumnezeu. Poate chiar aveți titluri sau poziții în biserică, sau sunteți aleși ca lideri. S-ar putea să considerați că ați acumulat în inimă o cantitate considerabilă de adevăr din Cuvântul lui Dumnezeu, suficient încât să vă spuneți: „Am învățat atât de mult. Trebuie că am dreptate în aproape toate lucrurile!" Poate că îi mustrați, judecați și condamnați pe alții cu Cuvântul lui Dumnezeu pe care l-ați înmagazinat sub formă de cunoștință, crezând că de fapt discerneți binele de rău potrivit cu adevărul. Unii lideri din biserică își caută foloasele proprii și încalcă reguli și orânduiri care trebuie respectate. Prin acțiunile lor, încalcă flagrant regulile bisericii, dar în mintea lor își spun: „Mă pot comporta astfel din cauza poziției pe care o am. Eu fac excepție de la regulă." O astfel de atitudine trufașă constituie aroganță spirituală.

Dacă ne mărturisim dragostea față de Dumnezeu în timp ce ignorăm legea și orânduirile lui Dumnezeu având o inimă trufașă, mărturisirea noastră nu va fi adevărată. Dacă judecăm și condamnăm pe alții, asta înseamnă că adevărata dragoste nu locuiește în noi. Adevărul ne învață să privim, să ascultăm și să vorbim doar despre lucrurile bune făcute de alții.

Nu vă vorbiți de rău unii pe alții, fraților! Cine vorbește de rău pe un frate, sau judecă pe fratele său, vorbeşte de rău Legea sau judecă Legea. Şi dacă judeci Legea, nu eşti împlinitor al Legii, ci judecător. (Iacov 4:11)

Ce simţiţi când aflaţi despre slăbiciunile altor oameni?
Jack Kornfield, în cartea sa Arta de a ierta, a îndura şi a avea pace, descrie o modalitate diferită de a rezolva situaţia în care o persoană se poartă în mod iresponsabil.

„În tribul Babemba din Africa de Sud, când o persoană se poartă iresponsabil sau este nedreaptă, este pusă în mijlocul satului, singură şi nelegată. Toate activităţile încetează şi fiecare bărbat, femeie şi copil din sat se adună în jurul individului acuzat şi formează un cerc. Apoi, fiecare persoană din trib se adresează acuzatului, pe rând, şi pomeneşte lucrurile bune pe care persoana din centru cercului le făcuse de-a lungul vieţii. Fiecare incident, fiecare experienţă pe care şi-o pot aminti mai concret şi cu amănunte este pomenită. Sunt menţionate pe larg şi în detaliu toate atributele pozitive, faptele bune, trăsăturile de caracter puternice şi toată bunătatea de care a dat dovadă. Această ceremonie tribală deseori durează câteva zile. La sfârşit, cercul tribal se destramă şi o sărbătoare plină de bucurie îi ia locul, iar persoana cu pricina este primită în sens simbolic şi în mod literal înapoi în trib."

Prin acest proces, acele persoane care au greşit îşi recapătă respectul de sine şi decid să contribuie la bunăstarea tribului. Datorită acestui tip unic de judecată, crimele sunt rare în societatea lor.

Când vedem greșelile altor oameni, ne putem gândi dinainte dacă îi vom judeca și condamna sau dacă vom lăsa ca îndurarea și smerenia să curgă din inimile noastre. Când judecăm astfel lucrurile, ne vom putea examina să vedem cât de mult am cultivat o atitudine de smerenie și dragoste. Când ne cercetăm astfel în mod constant, ar trebui să nu ne mulțumim cu nivelul la care am ajuns pe motiv că am fost credincioși o vreme îndelungată.

Înainte să devină sfințit pe deplin, orice om are încă o fire care poate îngădui dezvoltarea unei atitudini arogante. De aceea, este foarte important să smulgem din rădăcini firea arogantă. Dacă nu o smulgem complet din rădăcini prin rugăciuni fierbinți, s-ar putea să dea lăstar din nou în orice moment. Este ca și cum ați tăia buruienile în loc să le smulgeți complet din rădăcini; după o vreme, ele vor crește din nou. Cu alte cuvinte, din cauză că firea păcătoasă nu este îndepărtată complet din inimă, aroganța apare din nou în minte chiar dacă am dus o viață de credință timp îndelungat. De aceea, ar trebui să ne smerim întotdeauna înaintea Domnului ca niște copilași, să îi considerăm pe ceilalți mai buni ca noi și să ne dăm silințele ca să cultivăm dragostea spirituală în mod constant.

Oamenii aroganți se bazează pe ei înșiși

Nebucadnețar a deschis epoca de aur a Marelui Babilon. Porțile Suspendate, care constituie una din cele șapte minuni ale lumii antice, au fost realizate la această vreme. Mândru că toată împărăția și lucrările fuseseră făcute prin puterea sa cea mare, împăratul a turnat o statuie cu chipul său și i-a făcut pe oameni să i se închine. Daniel 4:30 spune – „Împăratul a luat cuvântul, și a zis: «Oare nu este acesta Babilonul cel mare, pe care mi l am zidit eu, ca loc de ședere împărătească, prin puterea bogăției mele și spre slava măreției mele?»"

În final, Dumnezeu i-a arătat cine era adevăratul domnitor al lumii (Daniel 4:31-32). Împăratul a fost alungat de la palat, a mâncat iarbă asemenea dobitoacelor și, timp de șapte ani, a trăit ca un animal sălbatic în pustie. La ce i-a ajutat tronul în acel moment? Nu putem avea nimic dacă Dumnezeu nu îngăduie. Nebucadnețar a revenit la normal după șapte ani. Și a dat seama de toată aroganța sa și s-a plecat înaintea lui Dumnezeu. În Daniel 4:37 citim: „Acum, eu, Nebucadnețar, laud, înalț și slăvesc pe Împăratul cerurilor, căci toate lucrările Lui sunt adevărate, toate căile Lui sunt drepte, și El poate să smerească pe ceice umblă cu mândrie!"

Atitudinea lui Nebucadnețar nu a fost unică. Unii necredincioși din lume își spun: „Mă pot baza pe forțele mele proprii." Dar nu le este ușor să biruiască lumea. Sunt multe probleme în lume care nu pot fi rezolvate cu ajutorul resurselor omenești. Până și cele mai sofisticate cunoștințe și tehnologie din domeniul științei nu ne vor fi de niciun folos când ne luptăm cu uragane, cutremure sau alte dezastre neașteptate.

Mai apoi, câte boli continuă să fie incurabile în pofida faptului că medicina a avansat? Cu toate acestea, când sunt confruntați cu diferite probleme, mulți oameni continuă să-și pună încrederea în ei înșiși și nu în Dumnezeu. Ei se bazează pe ideile, experiența sau cunoștințele lor proprii. Când falimentează și continuă să se confrunte cu aceleași probleme, dau vina pe Dumnezeu în ciuda faptului că nici măcar nu cred în El. Acest lucru se datorează aroganței care locuiește în inima lor. Din cauza aroganței, nu își mărturisesc slăbiciunile și nu reușesc să se smerească înaintea lui Dumnezeu.

Mai jalnic este faptul că unii credincioși în Dumnezeu își pun încrederea în lume și în ei înșiși mai degrabă decât în Dumnezeu. El dorește să își vadă copiii prosperi și trăind prin ajutorul Său. Dar, dacă în aroganța voastră, nu sunteți dispuși să vă smeriți înaintea Lui, Dumnezeu nu vă va putea ajuta. Prin urmare, nu veți putea fi protejați de dușmanul diavolul, nici nu veți avea reușită. După cum spune Dumnezeu în Proverbe 18:12 – „Înainte de pieire, inima omului se îngâmfă, dar smerenia merge înaintea slavei" – ceea ce aduce nereușită și distrugere nu este nimic altceva decât aroganța voastră.

Dumnezeu consideră aroganța o nebunie. În comparație cu Dumnezeu, care face din Cer tronul de domnie și din pământ așternutul picioarelor Lui, cât de mic este omul? Toți oamenii au fost creați după chipul și asemănarea Lui, deci toți suntem egali ca și copii ai lui Dumnezeu, indiferent de poziția socială. Oricât de multe ar fi lucrurile lumești cu care ne-am putea lăuda, viața în această lume durează doar o clipită. Când această viață scurtă se sfârșește, fiecare va fi judecat înaintea lui Dumnezeu. Apoi, poziția pe care o vom primi în Cer va fi potrivită cu ceea ce am făcut în smerenie pe acest pământ. Acest lucru se datorează faptului că

Domnul dorește să ne înalțe, după cum este scris în Iacov 4:10 – „Smeriți-vă înaintea Domnului, și El vă va înălța."

Dacă apa rămâne într-o baltă, va stagna și se va împuți, iar viermii o vor locui. Dar, dacă apa curge fără încetare la vale, în cele din urmă va ajunge în mare și va da viață multor creaturi. Haideți, deci, să ne smerim ca să putem fi înălțați în ochii lui Dumnezeu.

Caracteristicile dragostei spirituale I

1. Este îndelung răbdătoare
2. Este plină de bunătate
3. Nu este geloasă, nu pizmuiește
4. Nu se laudă
5. Nu este arogantă, nu se umflă de mândrie

6. Dragostea nu se poartă necuviincios

„Manierele" sau „normele de etichetă" constituie conduita corectă în societate, adică modul de comportament și atitudinile pe care oamenii ar trebui să le aibă unii față de alții. Tipurile de etichetă culturală diferă în viața de zi cu zi, în funcție de locul în care ne aflăm: într-o discuție, la masă sau într-un loc public, ca de exemplu în sălile de teatru.

Manierele care se cuvin sunt o parte importantă din viața noastră. Comportamentele acceptate de societate sunt specifice unui loc sau a unei ocazii în parte iar cei ce se comportă în conformitate lasă, de obicei, o impresie bună. Dacă nu ne comportăm adecvat și ignorăm eticheta de bază, cei din jurul nostru s-ar putea simți incomodați. Mai mult, dacă spunem că iubim pe cineva dar ne purtăm necuviincios cu persoana respectivă, va fi foarte dificil pentru aceasta să creadă că o iubim cu adevărat.

Dicționarul Merriam-Webster's Online descrie cuvântul necuviincios astfel: „în dezacord cu standardele corespunzătoare unei poziții sau condiții din viața unui om." Când vorbim de etichetele culturale din viața de zi cu zi, există tot felul de stardarde referitoare la modul în care ne salutăm unii pe alții sau purtăm discuții. Spre surpriza noastră, mulți oameni nu consideră că au fost necuviincioși nici după ce s-au purtat urât cu alții. Este mai ușor să devenim necuviincioși în special față de cei care ne sunt aproape. Acest lucru se datorează faptului că, atunci când ne simțim confortabil în prezența unor oameni, tindem să ne purtăm necuviincios cu ei sau să nu respectăm normele de conduită adecvate.

Dar, dacă avem dragoste adevărată, nu ne vom purta niciodată necuviincios. Să presupunem că aveți o bijuterie foarte prețioasă și frumoasă. Oare o veți trata ca pe un lucru de nimic? Desigur că veți avea foarte mare atenție și grijă să nu o rupeți, zgâriați sau pierdeți. În același fel, când iubiți pe cineva cu adevărat, cât de frumos doriți să vă purtați cu persoana respectivă?

Există două situații în care cineva poate fi necuviincios: față de Dumnezeu și față de om.

Comportamentul necuviincios față de Dumnezeu

Până și în rândul celor care cred în Dumnezeu și spun că Îl iubesc, sunt mulți care nu dovedesc decât contrariul prin faptele pe care le fac și prin cuvintele pe care le rostesc. De exemplu, ațipitul în timpul serviciului la biserică este printre cele mai necuviincioase comportamente față de Dumnezeu.

Moțăitul în timpul serviciului de închinare este același lucru cu moțăitul în prezența lui Dumnezeu Însuși. Ar fi foarte necuviincios să ațipiți în fața președintelui unei țări sau a directorului unei companii. Cu cât mai necuviincios este să moțăiți în fața lui Dumnezeu? Faptul că veți putea continua să pretindeți că încă Îl iubiți pe Dumnezeu este îndoielnic. Să presupunem însă că vă întâlniți cu persoana pe care o iubiți și tot ațipiți în prezența ei. Atunci, cum se poate spune că o iubiți cu adevărat?

De asemenea, dacă vorbiți cu persoanele de lângă voi în timpul închinării sau visați cu ochii deschiși, acestea constituie o necuviință la adresa lui Dumnezeu. Un astfel de comportament denotă faptul că închinătorului îi lipsește respectul și dragostea pentru Dumnezeu.

Astfel de comportamente îl afectează și pe predicator. Să presupunem că un credincios vorbește cu cel de lângă el, sau se gândește la lucruri aiurea sau chiar ațipește. Atunci, predicatorul s-ar putea întreba dacă mesajul a fost suficient de plin de har. S-ar putea să piardă inspirația Duhului Sfânt și astfel nu va putea să dea învățătură din plinătatea Duhului. Toate aceste acțiuni îi vor dezavantaja și pe ceilalți închinători.

Tot necuviincios este și ieșitul din biserică în mijlocul serviciului. Bineînțeles, sunt unii voluntari care trebuie să iasă ca să își poată facă datoria în cadrul serviciilor de închinare. Cu toate acestea, cu excepția cazurilor rare, este cuviincios să așteptați până când serviciul s-a terminat înainte de a vă muta dintr-un loc în altul. Unii oameni se gândesc că este destul dacă ascultă mesajul în timp ce se îndreaptă spre ieșire chiar înainte ca serviciul să se fi încheiat, dar acesta este un act necuviincios.

Serviciul de închinare din ziua de azi poate fi comparat cu arderile de tot din Vechiul Testament. Când aveau de adus arderi de tot, oamenii trebuiau să taie animalele în bucăți și apoi să ardă toate părțile (Levitic 1:9).

În zilele noastre, acest lucru este echivalent cu a oferi oamenilor un serviciu de închinare adecvat și complet, de la început până la sfârșit, potrivit cu un anumit set de formalități și proceduri. Trebuie să respectăm ordinea stabilită din cadrul serviciului de închinare și să facem asta cu toată inima, începând cu o rugăciune în tăcere până terminăm cu binecuvântarea sau cu rugăciunea „Tatăl nostru". Când cântam laude sau ne rugăm, și chiar și în timpul colectei sau a anunțurilor, trebuie să ne implicăm cu toată inima. Pe lângă întrunirile oficiale de la biserică, trebuie să ne implicăm cu toată inima în orice fel de întâlnire de rugăciune, serviciu de laudă și închinare sau grupuri de închinare de casă.

A ne închina lui Dumnezeu din toată inima înseamnă, în primul rând, a nu întârzia la biserică. Nu se cuvine să întârziem la întâlnirile cu alți oameni, deci, cu cât mai necuviincios este să întârziem la o întâlnire cu Dumnezeu? Dumnezeu ne așteaptă la locul de închinare ca să ne primească laudele.

De aceea, să nu sosim la biserică chiar când începe închinarea. Se cade să venim mai devreme și să ne rugăm cu pocăință ca să ne pregătim inima pentru închinare. De asemenea, este necuviincios ca în timpul serviciului de închinare să folosim telefoanele celulare sau să ne lăsăm copiii mici să alerge și să se joace pe tot locul. Tot purtare necuviincioasă este și mâncatul sau mestecatul gumei în timpul serviciului de închinare.

De asemenea, ținuta pe care o aveți în timpul laudei este importantă. În mod normal, nu se cuvine să veniți la biserică îmbrăcați în hainele de casă sau de lucru. Ținuta este o modalitate prin care ne arătăm reverența și respectul față de o altă persoană. Copiii lui Dumnezeu care cred cu adevărat în El știu cât de valoros este Dumnezeu. Astfel, când vin să I se închine, vin îmbrăcați în ce au mai bun.

Bineînțeles, sunt și excepții. Mulți vin de la locul de muncă direct la serviciul de miercuri sau la serviciul de vineri care durează toată noaptea. Când se grăbesc să ajungă la timp, s-ar putea să vină direct în hainele de lucru. Într-un astfel de caz, Dumnezeu nu va considera că sunt necuviincioși, ci Se va bucura deoarece va primi mireasma din inimile lor, pentru că aceștia s-au grăbit să ajungă la vreme la serviciul de închinare chiar dacă au fost ocupați la locul de muncă.

Dumnezeu dorește să aibă părtășie plină de dragoste cu noi prin intermediul serviciilor de închinare și de rugăciune. Acestea sunt îndatoriri pe care copiii lui Dumnezeu trebuie să le îndeplinească, în special rugăciunea, pentru că aceasta este o conversație cu Dumnezeu. Uneori, în timp ce alții se roagă, s-ar putea ca cineva să îi întrerupă din rugăciune din cauza unei urgențe.

Acest lucru este la fel de serios ca întreruperea unei discuții pe care o persoană o are cu prezbiterii. Tot astfel, când vă rugați, dacă vă deschideți ochii și încetați rugăciunea brusc din cauză că cineva vă cheamă, acesta este un lucru necuviincios. În acest caz, ar trebui să terminați întâi rugăciunea și mai apoi să răspundeți la chemare.

Când aducem lauda și închinarea noastră în duh și în adevăr, Dumnezeu ne va da în schimb binecuvântări și răsplăți. Deoarece este încântat să primească aroma inimii noastre, Dumnezeu ne va răspunde mai repede la rugăciuni. Dar, dacă acumulăm de-a lungul anilor fapte necuviincioase, acest lucru va crea un zid de păcat împotriva lui Dumnezeu. Chiar și în relațiile dintre soț și soție sau între părinți și copii, dacă relația lipsită de dragoste continuă, se vor isca multe probleme. La fel se întâmplă și în relația cu Dumnezeu. Când ridicăm un zid între noi și Dumnezeu, nu vom putea fi protejați împotriva bolilor și accidentelor, și ne vom confrunta cu probleme diverse. S-ar putea să nu primim răspuns la rugăciuni nici chiar dacă ne rugăm o perioadă îndelungată. Însă, dacă avem atitudini adecvate în timpul închinării și rugăciunii, vom putea rezolva tot felul de probleme.

Biserica este locașul sfânt al lui Dumnezeu

Biserica este locul în care Dumnezeu sălășluiește. Psalmul 11:4 spune – „Domnul este în Templul Lui cel sfânt, Domnul Își are scaunul de domnie în ceruri."

În vremurile Vechiului Testament, nu oricine putea intra în Locul sfânt, ci numai preoții. Numai o dată pe an și numai marele preot putea intra în Locul prea sfânt (Sfânta Sfintelor) care se afla înăuntrul Locului Sfânt. Dar azi, prin harul Domnului nostru, oricine poate intra în locul sfânt ca să I se închine. Acest lucru se datorează faptului că Isus ne-a răscumpărat din păcatele noastre prin sângele Lui, după cum este scris în Evrei 10:19 – „Astfel, dar, fraților, fiindcă prin sângele lui Isus avem o intrare slobodă în Locul prea sfânt".

Locul sfânt nu se referă doar la sala în care ne închinăm. Este orice loc din clădirea bisericii, grădină și celelalte clădiri anexe. De aceea, când suntem în biserică, ar trebui să fim atenți până și la cel mai mic cuvânt sau acțiune. Când suntem în sala de închinare, nu trebuie să ne mâniem sau să ne certăm unii cu alții, nici să vorbim despre lucruri de divertisment sau chestiuni de serviciu. Tot astfel, nu putem fi neglijenți cu lucrurile sfinte ale lui Dumnezeu din biserică ca să nu le stricăm, spargem sau distrugem.

În mod special, tranzacțiile monetare în biserică sunt interzise. Azi, cu opțiunea de a cumpăra prin Internet, unii oameni plătesc în biserică pentru ceea ce cumpără pe Internet și mai apoi primesc pachetul tot la biserică. Aceasta constituie o tranzacție de afaceri. Trebuie să ne amintim că Isus a răsturnat mesele schimbătorilor de bani și i-a alungat pe cei care vindeau animale pentru jertfe. Isus nu a acceptat nici ca animalele care erau menite pentru jertfe să fie vândute la Templu. De aceea, nu avem voie să vindem sau să cumpărăm în biserică niciun lucru pentru uz personal. Astfel ar fi ca și cum am avea un bazar în grădina bisericii.

Toate locurile de la biserică ar trebui să fie puse deoparte pentru a ne închina lui Dumnezeu și pentru a avea părtășie cu frații și surorile în Domnul. Când ne adunăm pentru rugăciune sau alte întâlniri, trebuie să ne purtăm cu grijă ca să nu devenim indiferenți față de sfințenia bisericii. Dacă iubim biserica, nu ne vom purta necuviincios în interiorul clădirii, după cum este scris în Psalmul 84:10 – „Căci mai mult face o zi în curțile Tale decît o mie în altă parte; eu vreau mai bine să stau în pragul Casei Domnului meu, decât să locuiesc în corturile răutății!"

Comportamentul necuviincios față de oameni

Biblia spune că cel care nu-și poate iubi fratele nu Îl poate iubi nici pe Dumnezeu. Dacă ne purtăm necuviincios față de alți oameni, pe care îi vedem, cum am putea avea cel mai înalt respect pentru Dumnezeu, pe care nu Îl putem vedea?

„Dacă cineva zice: «Eu iubesc pe Dumnezeu» și urăște pe fratele său, este un mincinos; căci cine nu iubește pe fratele său, pe care-l vede, cum poate să iubească pe Dumnezeu, pe care nu-l vede?" (1 Ioan 4:20)

Haideți să ne uităm la faptele necuviincioase obișnuite din viețile noastre de zi cu zi, pe care le trecem cu vederea fără prea multă dificultate. De obicei, dacă ne căutăm folosul propriu fără a ține seama de situația celorlalți, vom comite multe fapte necuviincioase. De exemplu, când vorbim la telefon, sunt anumite norme de conduită potrivite pentru această situație. Dacă sunăm târziu seara sau noaptea, sau dacă vorbim la telefon îndelungat cu o persoană care este foarte ocupată, acest lucru nu îi face bine. Întârziatul la întâlniri, mersul neașteptat în vizită la casa cuiva, sau sosirea neanunțată – toate acestea sunt exemple de fapte nepoliticoase.

Poate cineva ar zice: „Suntem atât de apropiați unul de altul; nu-i exagerat să ne ținem de formalități de genul acesta?" S-ar putea să aveți o relație atât de bună cu o persoană încât să credeți că o înțelegeți pe deplin. Dar este totuși foarte dificil să înțelegem inima celuilalt 100%. Am putea crede că suntem prietenoși cu celălalt, dar persoanei respective s-ar putea să i se pară diferit. De aceea, ar trebui să gândim din perspectiva celeilalte persoane. Ar trebui să fim atenți în special să nu ne purtăm necuviincios față de altă persoană, mai ales dacă ne este foarte apropiată și se simte comod în prezența noastră.

De multe ori s-ar putea să rostim cuvinte necugetate sau să ne purtăm necuviincios cu o persoană apropiată, făcând-o să se simtă rănită sau ofensată. Suntem obraznici cu membrii familiei sau cu prietenii apropiați și astfel, în cele din urmă, relația ajunge să fie tensionată și neplăcută. De asemenea, unii prezbiteri sunt necuviincioși față de cei mai tineri sau de cei care au o poziție inferioară lor. Vorbesc nepoliticos sau folosesc un ton poruncitor făcându-i să se simtă incomod.

Însă, în zilele noastre, este dificil să găsim oameni care doresc din toată inima să își slujească părinții, învățătorii și pe cei înaintați în vârstă. Unii ar zice că situația s-a schimbat, dar un lucru care nu se schimbă niciodată este voia lui Dumnezeu. Leviticul 19:32 spune: „Să te scoli înaintea perilor albi, și să cinstești pe bătrân. Să te temi de Dumnezeul tău. Eu sunt

Domnul."

Voia lui Dumnezeu este să ne facem datoria față de oameni cu toată inima. Copiii lui Dumnezeu trebuie să respecte ordinea și legile stabilite în această lume și să nu devină necuviincioși. De exemplu, dacă producem agitație într-un loc public, scuipăm pe stradă sau încălcăm regulile de circulație, aceste acțiuni sunt necuviincioase față de cei din jur. Suntem creștini care ar trebui să fie lumina și sarea lumii, de aceea trebuie să avem grijă de modul în care vorbim, acționăm și ne comportăm.

Legea dragostei este standardul absolut

Majoritatea oamenilor petrec cea mai mare parte din viață cu alți oameni, se întâlnesc și vorbesc cu ei, mănâncă și lucrează împreună. Din această cauză, există multe tipuri de etichetă culturală în viața de zi cu zi. Însă, nivelul de educație diferă de la om la om, iar cultura diferă de la țară la țară și de la rasă la rasă. Atunci dar, care ar trebui să fie standardul manierelor noastre?

Acesta este dat de legea dragostei din inima noastră. Legea dragostei se referă la legea lui Dumnezeu care este dragostea însăși. Cu alte cuvinte, cu cât mai mult strângem Cuvântul lui Dumnezeu în inima noastră și îl practicăm, cu atât mai mult vom avea atitudinile Domnului și vom fi cuviincioși. Una din componentele legii dragostei este considerația.

Într-o noapte întunecată, un om umbla cu o lampă în mână. Un alt om, care venea din direcție opusă, l-a văzut și a observat că acesta era orb. Curios, l-a întrebat de ce avea o lampă în mână când oricum nu putea să vadă. Respectivul i-a răspuns: „Ca să nu te bagi în mine. Lampa este pentru tine." Din această povestioară putem învăța ceva despre considerație.

Considerația față de alții, cu toate că pare un lucru obișnuit, are putere mare și poate atinge inimile oamenilor. Faptele necuviincioase izvorăsc dintr-o lipsă de considerație pentru alții, ceea ce indică o lipsă de dragoste. Când îi iubim pe alții cu adevărat, vom ține seama de ei întotdeauna și nu ne vom purta necuviincios.

În agricultură, dacă se înlătură prea multe fructe de calitate inferioară din pom, restul roadelor se vor dezvolta și vor absoarbe toată hrana disponibilă. Astfel vor ajunge să aibă o coajă groasă și un gust neplăcut. Dacă nu ținem seama de alții, pe moment s-ar putea să ne bucurăm de toate lucrurile care ne sunt la dispoziție, dar asta nu va face decât să devenim oameni neplăcuți și groși de obraz asemenea fructelor care au absorbit prea mulți nutrienți.

De aceea, după cum este scris în Coloseni 3:23 – „Orice faceți, să faceți din toată inima, ca pentru Domnul" – trebuie să ne purtăm unii față de alții cu cel mai mare respect ca și cum ne-am purta față de Domnul.

7. Dragostea nu își caută folosul propriu

În lumea noastră modernă, nu este greu să găsim egoism. Oamenii își caută propriul folos și nu bunăstarea celorlalți. În unele țări, se pun chimicale dăunătoare în laptele praf pentru bebeluși. Unii oameni produc pagube mari țării lor când fură tehnologie care este foarte importantă pentru țară.

Din cauză că oamenilor nu le pasă, este greu pentru guvern să amenajeze locuri publice cum ar fi o groapă ecologică de gunoi sau crematorii publice. Oamenii nu sunt interesați de binele celorlalți, ci numai de al lor. Cu toate că faptele egoiste din viața de zi cu zi nu sunt atât de extreme, totuși, ele există.

De exemplu, niște colegi de lucru sau prieteni ies să ia masa împreună. Trebuie să aleagă ce vor să mănânce, dar unul din ei este foarte insistent în preferința sa. Altul i se alătură, dar în sinea sa nu se simte confortabil. Un altul întreabă întotdeauna ce doresc ceilalți. Apoi, indiferent dacă îi place sau nu mâncarea pe care alții au ales-o, mănâncă întotdeauna cu bucurie. Din care categorie faceți parte?

Un grup de oameni se întâlnesc cu scopul de a se pregăti pentru un eveniment. Opțiunile disponibile sunt diverse. O persoană încearcă să îi convingă pe ceilalți să fie de acord cu ea. O altă persoană nu insistă asupra părerii sale prea mult dar, când nu-i place ideea altuia, își arată reținerea deși acceptă părerea respectivă.

O altă persoană ascultă părerile celorlalți când aceștia și le exprimă. Mai apoi, chiar dacă ideile lor sunt diferite de ale sale, depune efort să le urmeze sfatul. Această diferență de atitudine vine din cât de multă dragoste are o persoană în inimă.

Dacă apare un conflict de opinii care duce la certuri sau dispute, acest lucru indică faptul că oamenii își caută folosul propriu, insistând doar asupra părerilor lor. Dacă soțul și soția insistă doar asupra propriilor opinii, vor experimenta în mod constant conflicte și nu vor putea să se înțeleagă unul pe altul. Dacă lasă unul de la altul și se înțeleg reciproc pot avea pace, dar aceasta nu va dura mult din cauză că fiecare insistă asupra părerii proprii.

Când iubim pe cineva, vom avea mai mare grijă de acea persoană decât de noi înșine. Haideți să ne uităm la dragostea părinților. Cei mai mulți părinți se gândesc mai întâi la copiii lor. Astfel, mamele ar prefera să audă pe cineva zicând: „Fiica dumneavoastră este atât de drăguță" decât „Sunteți drăguță."

Mai degrabă decât să mănânce ele mâncăruri alese, sunt mai bucuroase când copiii lor mănâncă bine. Mai degrabă decât să poarte haine frumoase, sunt mai bucuroase să își îmbrace copiii cu haine bune. De asemenea, își doresc să aibă copii mai deștepți decât ele, să fie remarcați și iubiți de cei din jur. Dacă ne-am purta cu o astfel de dragoste față de aproapele nostru și față de oricine altcineva, cât de mulțumit va fi Dumnezeu Tatăl cu noi!

Avraam a căutat folosul altora, umblând în dragoste

Puterea de a pune interesele altora înaintea intereselor personale vine din dragostea jertfitoare. Avraam este un exemplu bun de persoană care a căutat folosul altora mai degrabă decât folosul său propriu.

Când Avraam a plecat din locul de baștină, nepotul său, Lot, l-a urmat. Datorită lui Avraam, Lot a fost foarte binecuvântat așa că a ajuns să aibă atât de multe animale încât apa nu mai era suficientă pentru cirezile și turmele lui Avraam și ale lui Lot. Uneori, ciobanii celor două tabere ajungeau să se certe unii cu alții.

Avraam a dorit pace în relația cu Lot așa că l-a lăsat pe acesta să aleagă partea de pământ pe care o dorea, iar el urma să o ia pe cealaltă. Cel mai important aspect în creșterea animalelor este iarba și apa. Locul în care stăteau la vremea respectivă nu mai avea suficientă iarbă și apă pentru toate turmele deci, faptul că Avraam a renunțat la locul mai bun a fost, într-un fel, același cu a renunța la lucrurile necesare supraviețuirii.

Avraam a putut avea atât de multă considerație pentru Lot din cauză că l-a iubit foarte mult. Dar Lot nu a înțeles cu adevărat această dragoste a lui Avraam; el și-a ales doar pământul mai bun, valea Iordanului, și apoi a plecat. S-a simțit Avraam incomod când l-a văzut pe Lot alegând fără nicio ezitare ceea ce era mai bun pentru el? Nicidecum! Dimpotrivă, s-a bucurat că nepotul său a ales bucata mai bună de pământ.

Dumnezeu a văzut această inimă bună a lui Avraam și l-a binecuvântat și mai mult în tot locul. Avraam a devenit un om bogat, respectat până și de împărațiii din zonă. După cum vedem din acest exemplu, dacă căutăm folosul altora înainte de cel propriu, vom primi binecuvântări din partea lui Dumnezeu.

Dacă dăruim celor pe care îi iubim ceva ce ne aparține, bucuria va întrece orice alt sentiment. Acest fel de bucurie nu poate fi înțeleasă decât de cei care au dat un lucru de mare preț celor dragi. Isus a avut parte de o astfel de bucurie. Cea mai mare fericire poate fi dobândită atunci când cultivăm dragostea desăvârșită. Este dificil să dăm celor pe care îi urâm, dar nu este câtuși de puțin dificil să dăm celor pe care îi iubim. Ne vom bucura când suntem darnici.

Cum să ajungem la apogeul fericirii

Dragostea desăvârșită ne ajută să experimentăm apogeul fericirii. Pentru a avea o dragoste desăvârșită ca a lui Isus, trebuie să ne gândim la alții înainte de a ne gândi la noi înșine. Trebuie să îi punem pe ceilalți, pe Dumnezeu și pe Domnul mai presus de noi și, când vom face astfel, Dumnezeu se va îngriji de noi. Când căutăm folosul altora, Dumnezeu ne dă înapoi lucruri și mai bune. Răsplățile noastre cerești sunt păstrate în Cer. În Faptele Apostolilor 20:35, Dumnezeu spune: „Este mai ferice să dai decât să primești."

Trebuie să clarificăm un lucru aici. Este important ca lucrarea noastră pentru Împărăția lui Dumnezeu să nu ducă la probleme de sănătate din cauză că lucrăm cu credincioșie mai mult decât ne țin puterile. Dumnezeu va accepta inima noastră dacă încercăm să fim peste măsură de credincioși. Dar, trupurile noastre fizice au nevoie de odihnă. De asemenea, trebuie să ne îngrijim de bunăstarea sufletului prin rugăciune, post și studierea Cuvântului lui Dumnezeu, nu doar prin lucrarea în biserică.

Membrii familiei sau alți oameni ar putea avea de suferit pe de urma faptului că unii petrec prea mult timp cu activitățile religioase sau bisericești. De exemplu, unii nu pot să își facă slujba bine din cauză că postesc. Unii elevi s-ar putea să își neglijeze studiile ca să poată participa la activitățile din cadrul Școlii Duminicale.

În cazurile menționate mai sus, persoanele respective ar putea crede că nu-și caută folosul propriu din cauză că lucrează din greu. Dar, acest lucru nu este tocmai adevărat. În pofida faptului că lucrează pentru Domnul, ei nu sunt credincioși peste toată casa lui Dumnezeu și asta înseamnă că nu și-au îndeplinit datoria deplină ca și copiii ai lui Dumnezeu. La urma urmei, și-au căutat doar foloasele proprii.

Ce ar trebui să facem ca să evităm a ne căuta foloasele proprii? Trebuie să ne încredem în Duhul Sfânt. Vom fi călăuziți în tot adevărul prin Duhul Sfânt, care este inima lui Dumnezeu. Putem trăi în exclusivitate pentru slava lui Dumnezeu dacă facem totul prin călăuzirea Duhului Sfânt după cum ne spune Pavel în 1 Corinteni 10:31 – „Deci, fie că mâncați, fie că beți, fie că faceți altceva: să faceți totul pentru slava lui Dumnezeu."

Pentru a putea trăi după cum este scris mai sus, trebuie să ne lepădăm de tot răul din inimă. Mai mult, dacă cultivăm adevărata dragoste în inimă, înțelepciunea care vine din bunătate se va revărsa asupra noastră și vom putea discerne voia lui Dumnezeu în orice situație. Când sufletului nostru îi merge bine, toate lucrurile ne vor merge bine și vom fi sănătoși ca să-I putem fi credincioși lui Dumnezeu pe deplin. De asemenea, vom fi iubiți de aproapele nostru și de membrii familiei.

Când cei proaspăt căsătoriți vin la mine să îi binecuvintez, întotdeauna mă rog ca fiecare să caute mai întâi folosul celuilalt.

Dacă încep să își caute folosul propriu, nu vor reuși să aibă o familie plină de pace.

Da, putem căuta folosul celor pe care-i iubim sau a celor de pe urma cărora am avea de câștigat, dar cum facem asta cu cei care nu se poartă frumos cu noi sau își caută foloasele proprii? Dar cu cei care ne rănesc și ne produc daune, sau cu cei de pe urma cărora nu avem nimic de profitat? Sau, cum ne purtăm cu cei care umblă în neadevăr și rostesc cuvinte răutăcioase tot timpul?

În astfel de situații, dacă doar îi evităm și nu suntem dispuși să ne sacrificăm pentru ei, asta înseamnă că ne căutăm folosul propriu. Trebuie să fim capabili să ne sacrificăm și să renunțăm până și în favoarea celor care au idei diferite decât ale noastre. Numai atunci vom putea fi considerați oameni care umblă în dragoste spirituală.

8. Dragostea nu se mânie

Dragostea sădește o atitudine pozitivă în inima omului. Pe de altă parte, mânia sădește o atitudine negativă. Mânia rănește inima și o face întunecată. Deci, dacă vă mâniați, nu puteți persista în dragostea lui Dumnezeu. Principalele curse pe care le întinde dușmanul diavolul și Satan copiilor lui Dumnezeu sunt ura și mânia.

Mânia nu se manifestă doar prin țipat, înjurat sau comportament violent. Dacă fața vi se schimonosește sau își schimbă culoarea, sau dacă modul de exprimare devine tăios, toate acestea sunt manifestări ale mâniei. Cu toate că intensitatea diferă de la caz la caz, aceste manifestări sunt, totuși, expresii ale urii și resentimentelor din inimă. Dar să nu judecăm sau să condamnăm o persoană crezând că este mânioasă doar evaluând modul lor de exprimare din exterior. Nimeni nu poate înțelege inima altuia pe deplin.

La un moment dat, Isus i-a alungat pe cei care vindeau lucruri în Templu. Vânzătorii își pregătiseră mesele de afaceri și schimbau bani sau vindeau animale oamenilor care veniseră la Ierusalim să participe la Sărbătoarea Paștelui. Isus este atât de blând; El nu se ceartă, nici nu ridică vocea, și nimeni nu-I va auzi glasul pe ulițe. Dar, când a văzut această situație, atitudinea Lui a fost foarte diferită decât de obicei.

A făcut un bici din frânghie și a mânat afară din Templu toate oile, vacile și celelalte animale pentru jertfă. A răsturnat mesele schimbătorilor de bani și a celor ce vindeau porumbei. Când oamenii din jur L-au văzut pe acest Isus, poate că s-au gândit că era mânios. Dar în acest moment, Isus nu era mânios din cauza unor sentimente neplăcute precum ura, ci era animat de o indignare justificată. Prin indignarea Sa justificată, El ne ajută să ne dăm seama că întinarea Templului lui Dumnezeu este un act ce nu poate fi tolerat. Acest fel de indignare justificată rezultă din dragoste față de Dumnezeul care desăvârșește dragostea cu dreptatea Sa.

Diferența dintre indignarea justificată și mânie

În Marcu capitolul 3, în ziua de Sabat, Isus a vindecat în sinagogă un om care avea mâna uscată. Oamenii îl pândeau pe Isus să vadă dacă va vindeca pe cineva în ziua Sabatului ca să Îl poată învinui că a încălcat Sabatul. Isus, care cunoștea inimile oamenilor, a întrebat: „Este îngăduit în ziua Sabatului să faci bine sau să faci rău? Să scapi viața cuiva sau s-o pierzi?" (Marcu 3:4)

Intenția lor a fost scoasă la iveală și aceștia cu rămas fără cuvinte. Mânia lui Isus a fost îndreptată asupra inimilor lor împietrite.

„Atunci, rotindu-Și privirile cu mânie peste ei, și mâhnit de împietrirea inimii lor, a zis omului: „Întinde-ți mîna! El a întins-o, și mâna i s-a făcut sănătoasă." (Marcu 3:5)

La acea vreme, oamenii plini de răutate încercau să Îl învinuiască și să Îl omoare pe Isus, care făcea doar fapte bune. Astfel, uneori, Isus a folosit cuvinte tăioase când le-a vorbit ca să îi facă să se trezească și să se întoarcă de pe calea pierzării. Indignarea justificată a lui Isus a venit din dragostea Lui. Această indignare uneori i-a trezit pe oameni din adormirea lor şi i-a condus la viaţă. În acest fel mânia şi indignarea justificată sunt complet diferite una de alta. Când un om se sfinţeşte pe deplin şi se leapădă de orice păcat din inimă, atunci mustrările şi dojenile sale vor aduce viaţă în sufletul oamenilor. Dar, fără sfinţirea inimii, nimeni nu poate aduce acest fel de roadă.

Oamenii se mânie din mai multe motive. În primul rând, se mânie din cauză că ideile şi dorinţele lor sunt diferite. Oamenii provin din diverse familii şi au educaţie diferită, astfel că inimile şi gândurile lor, precum şi standardele lor de judecată diferă de la persoană la persoană. Dar fiecare încearcă să îi facă pe ceilalţi să se conformeze tiparelor sale şi, în acest proces, ajung să îşi poarte pică unul altuia.

Să presupunem că soţului îi place mâncarea sărată iar soţiei nu. Soţia poate spune: „Prea multă sare îţi strică la sănătate, aşa că ar fi bine să mănânci mai puţină sare." Ea este preocupată de sănătatea soţului când îi dă acest sfat. Dar, dacă soţul nu este deschis, ea nu ar trebui să insiste. Ar fi bine să găsească împreună o modalitate prin care să renunţe reciproc, unul în favoarea altuia. Când lucrează împreună, pot crea o familie fericită.

În al doilea rând, o persoană se poate mânia când alţii nu o ascultă. Dacă este un prezbiter sau are o poziţie mai înaltă, omul doreşte să fie ascultat. Bineînţeles, este un lucru bun să îi respectăm pe cei în vârstă şi să îi ascultăm pe cei care ne conduc, dar nu este drept ca aceştia să se impună şi să îi facă pe cei din poziţii inferioare să îi asculte.

Sunt cazuri în care o persoană aflată într-o poziţie mai înaltă nu vrea să audă deloc părerea subordonaților ci vrea doar ca aceștia să îl asculte orbește. În alte situații, oamenii se mânie când suferă pierderi sau sunt nedreptățiți. Alteori, o persoană s-ar putea mânia pe alții când vede că aceștia nu îl suferă fără vreun motiv anume, ori când lucrurile nu sunt făcute după dorințele sau instrucțiunile sale, sau când oamenii îl înjură sau îl jignesc.

Oamenii deja au sentimente neplăcute în inimă încă dinainte să se mânie. Cuvintele și faptele celorlalți nu fac decât să provoace aceste sentimente din lăuntrul lor. În final, aceste simțăminte stârnite ies la iveală ca mânie și, de obicei, sunt primul pas în această direcție. Când ne mâniem, nu putem experimenta dragostea lui Dumnezeu iar creșterea noastră spirituală este împiedicată peste măsură de mult.

Nu ne vom putea schimba pe noi înșine potrivit cu adevărul atâta vreme cât avem sentimente neplăcute; trebuie să învingem ispita de a ne mânia și trebuie să ne lepădăm de orice mânie. În 1 Corinteni 3:16 citim: „Nu știți că voi sunteți Templul lui Dumnezeu, și că Duhul lui Dumnezeu locuiește în voi?"

Să nu uităm că Duhul Sfânt consideră inima noastră ca fiind templul Său și că Dumnezeu ne vede tot timpul. Astfel, să nu ne mâniem pe simplul motiv că unele lucruri nu sunt după cum ne-ar plăcea nouă să fie.

Mânia omului nu duce la neprihănirea lui Dumnezeu

În cazul lui Elisei, acesta a primit o măsură dublă din duhul lui Ilie, învățătorul său, și a făcut mai multe minuni prin puterea lui Dumnezeu. A făcut ca o femeie stearpă să rămână însărcinată; a înviat o persoană decedată, a vindecat leproși și a înfrânt o armată a dușmanului. A schimbat apa nepotabilă în apă bună de băut punând sare în ea. Cu toate acestea, a murit de pe urma unei boli, lucru rar întâlnit în cazul unui mare profet al lui Dumnezeu.

Care să fi fost motivul unui astfel de sfârșit de viață? Îl găsim pe când Elisei se suia la Betel. Un grup de băiețași au ieșit din cetate și și-au bătut joc de el pentru că nu avea prea mult păr pe cap și nu era chipeș la înfățișare. „Suie-te, pleșuvule! Suie-te, pleșuvule!" (2 Împărați 2:23)

Nu fuseseră doar câțiva la număr, ci o mulțime de tineri se luaseră pe urmele lui Elisei și îl batjocoriseră. Acesta s-a simțit umilit. A încercat să îi ia cu binișorul și i-a certat, dar aceștia l au ignorat. Nu se lăsau de profet și deveniseră de nesuferit.

După destrămarea națiunii, Betel devenise locul cel mai idolatru din Israelul de Nord. Tinerii din acea zonă trebuie că aveau inimi împietrite din cauza atmosferei idolatre. Poate că blocaseră drumul sau îl scuipaseră, sau poate chiar aruncaseră cu pietre după el. În cele din urmă, Elisei i-a blestemat. Doi urși au ieșit din pădure și au omorât patruzeci și doi dintre ei.

Bineînțeles, tinerii respectivi au atras asupra lor acea nenorocire prin faptul că au batjocorit peste măsură pe omul lui Dumnezeu, dar acest incident a demonstrat, în același timp, faptul că Elisei avea sentimente neplăcute în inimă. Nu-i de mirare că a murit din cauza unei boli. Vedem dar că nu este bine ca copiii lui Dumnezeu să se mânie. „Căci mânia omului nu lucrează neprihănirea lui Dumnezeu." (Iacov 1:20)

Nu vă mâniați

Ce ar trebui să facem pentru a nu ne mânia? Ar trebui să ne auto-controlăm și să ne suprimăm mânia? Când comprimăm un arc cu mâna, acesta dezvoltă o forță de reacție și se destinde imediat după ce înlăturăm presiunea. Același lucru se întâmplă și cu mânia. Dacă doar o comprimăm, s-ar putea să reușim să evităm un conflict pe moment dar, mai devreme sau mai târziu, aceasta va exploda. De aceea, pentru a nu ne mânia, trebuie să ne lepădăm de sentimentul de mânie însuși. În loc să ne suprimăm sentimentul de mânie ar trebui să ne transformăm mânia în bunătate și dragoste ca să nu mai avem ce suprima.

Desigur, nu ne putem lepăda peste noapte de toate sentimentele neplăcute și nu le putem înlocui cu bunătate și dragoste. Trebuie să încercăm continuu, zi de zi. La început, când ne aflăm într-o situație provocatoare, trebuie să lăsăm lucrurile în mâna lui Dumnezeu și să avem răbdare. Se spune că în biografia lui Thomas Jefferson, al treilea președinte al Statelor Unite, ar fi scris: „Când ești mânios, numără până la zece înainte de a-ți deschide gura; când ești foarte mânios, numără până la o sută." O zicală coreeană spune că „o crimă poate fi evitată când o persoană exercită răbdare de trei ori la rând."

Când ne vine să ne mâniem ar trebui să ne oprim și să ne gândim la ce foloase am trage dacă ne-am mânia. Astfel, nu vom face lucruri pe care să le regretăm sau de care să ne fie rușine. Pe măsură ce vom căuta să avem răbdare, rugându-ne și apelând la ajutorul Duhului Sfânt, vom reuși curând să ne lepădăm de însuși sentimentul de mânie. Dacă ne-am mâniat de zece ori înainte, numărul se va reduce la nouă, apoi la opt și așa mai departe. Ulterior, nu vom avea decât pace chiar și într-o situație provocatoare. Cât de fericiți vom fi atunci!

Proverbe 12:16 spune – „Nebunul îndată își dă pe față mânia, dar înțeleptul ascunde ocara", iar în Proverbe 19:11 citim – „Înțelepciunea face pe om răbdător, și este o cinste pentru el să uite greșelile."

Mânia este vecină cu primejdia. Trebuie că ne dăm seama cât de periculos este să ne mâniem. Victoria finală va apaține celui care îndură. Unii oameni se stăpânesc când sunt în biserică chiar dacă se găsesc în situații care îi irită, dar se mânie relativ repede acasă, la școală sau la locul de muncă. Dumnezeu nu se află doar în biserică.

El știe când stăm jos sau în picioare, știe orice cuvânt rostit și orice gând zămislit. Ne vede în tot locul și Duhul Sfânt locuiește în inimile noastre. De aceea, trebuie să trăim ca și cum am fi în prezența lui Dumnezeu tot timpul.

Un anume cuplu căsătorit se certa, iar soțul mânios a strigat la soția sa să tacă. Aceasta a fost atât de șocată încât nu a mai putut vorbi tot restul vieții. Atât soțul, care își pierduse cumpătul față de șotie, cât și soția, au suferit foarte mult. Mânia poate face pe mulți să sufere, deci trebuie să ne străduim să ne lepădăm de orice fel de sentimente neplăcute.

9. Dragostea nu se gândește la rău

Pe parcursul lucrării mele, am întâlnit tot felul de oameni. Unii sunt atinși de dragostea lui Dumnezeu doar când se gândesc la El și încep să plângă. Alții, chiar dacă au credință în El și Îl iubesc, sunt neliniștiți din cauză că nu Îi simt dragostea în inimă.

Măsura în care simțim dragostea lui Dumnezeu depinde de măsura în care ne lepădăm de rău și de păcat. Când trăim conform Cuvântului lui Dumnezeu și ne lepădăm de răul din inimă, vom simți adânc în lăuntrul nostru dragostea lui Dumnezeu și nu vom stagna în creșterea noastră în credință. S-ar putea să întâmpinăm greutăți câteodată pe calea credinței dar, în acele vremuri, ne vom aminti de dragostea lui Dumnezeu care ne așteaptă de fiecare dată. Câtă vreme ne amintim de dragostea Lui nu ne vom gândi la rău.

A se gândi la rău

În cartea sa Healing Life's Hidden Addictions (Vindecarea viciilor secrete ale vieții), Dr. Archibald D. Hart, fost decan al Școlii de Psihologie din cadrul Seminarului Teologic Fuller, a spus că unul din patru tineri din America suferă de depresie adâncă, iar drogurile, sexul, Internetul, depresia, consumul de alcool și fumatul distrug viața tinerilor.

Când toxicomanii încetează a mai folosi substanțe care le afectează gândirea, sentimentele și comportamentul, mecanismele lor de coping sunt foarte limitate dacă nu chiar lipsesc cu desăvârșire. Prin urmare, persoana respectivă va încerca să găsească scăpare în alte comportamente vicioase care pot manipula proprietățile chimice ale creierului. Aceste comportamente pot include sex, dragoste și relații. Nu găsesc satisfacție în nimic și nici nu pot simți harul și bucuria care vine dintr-o relație cu Dumnezeu. Astfel, conform spuselor dr ului Hart, acești oameni se află într-o situație nefastă. Adicția este o încercare de a obține satisfacție prin alte lucruri decât harul și bucuria date de Dumnezeu și este rezultatul faptului că Îl ignoră pe Dumnezeu. Cu alte cuvinte, cel dependent de droguri se va gândi la rău tot timpul.

Dar ce este răul? Acest termen se referă la toate lucrurile rele care nu sunt în concordanță cu voia lui Dumnezeu. Gândurile rele pot fi împărțite în trei categorii.

Prima categorie include gândurile animate de dorința de a le merge rău altora.

De exemplu, să presupunem că v-ați certat cu cineva și ați ajuns să urâți persoana respectivă atât de mult încât vă spuneți în sine: „Ce bine ar fi dacă s-ar împiedica și ar cădea." Mai apoi, să presupunem să nu ați avut o relație prea bună cu vecinul și ceva rău i se întâmplă acestuia. Atunci vă spuneți în sine: „Așa-i trebuie!" sau „Am știut că așa o să pățească." În cazul studenților, unul din ei s-ar putea să dorească ca un coleg să nu ia notă bună la examen.

Dacă aveți dragoste adevărată înăuntru, astfel de gânduri rele nu vă vor trece prin minte niciodată. Ați dori vreodată ca cei dragi, soția sau soțul, să se îmbolnăvească sau să sufere un accident? Desigur că nu. Dar, din cauză că nu avem dragoste în inimă, dorim ca altora să nu le meargă bine și ne bucurăm când sunt nefericiți.

De asemenea, vom dori să aflăm nelegiuirile și slăbiciunile altora ca să îi putem bârfi. Să presupunem că mergeți la o întâlnire și cineva din sală spune ceva rău despre o altă persoană. Dacă o astfel de discuție vă interesează, atunci ar trebui să vă cercetați inima. Dacă cineva i ar vorbi de rău pe părinții voștri, ați dori să continuați să ascultați spusele acelei persoane? Nicidecum! I-ați spune să înceteze de îndată.

Desigur, sunt cazuri în care este necesar să cunoașteți situațiile în care se află alții din cauză că doriți să îi ajutați. Dar, dacă nu urmăriți acest lucru însă continuați să ascultați relele făcute de alții, acest lucru se datorează faptului că aveți o dorință de a vorbi de rău sau a bârfi pe alții. „Cine acoperă o greșală, caută dragostea, dar cine o pomenește mereu în vorbirile lui, desbină pe prieteni." (Proverbe 17:9)

Cei ce sunt buni și au dragoste în inimă vor acoperi greșelile altora. De asemenea, dacă avem dragoste spirituală, nu vom fi jeloși sau invidioși pe cei cărora le merge bine. Nu le vom dori decât să aibă succes și să fie iubiți de alții. Domnul Isus ne-a spus să ne iubim până și dușmanii. Astfel, în Romani 12:14 ni se spune – „Binecuvântați pe cei ce vă prigonesc: binecuvântați și nu blestemați."

A doua categorie include gândurile de judecată și condamnare la adresa altora.

De exemplu, să presupunem că vedeți un credincios intrând într-un local în care credincioșii n-ar trebui să intre. Ce vă trece prin minte? S-ar putea să aveți o părere negativă din cauza răului din inimă și să vă spuneți în sine: „Cum poate să facă una ca asta?" Sau, dacă aveți puțină bunătate, s-ar putea să vă întrebați: „De ce ar intra într-un astfel de loc?", dar mai apoi vă veți răzgândi și veți presupune că persoana respectivă are un motiv bun să facă acel lucru.

Însă, dacă aveți dragoste spirituală în inimă, nu veți avea niciun fel de gânduri rele din capul locului. Chiar dacă auziți lucruri neplăcute despre cineva, nu veți judeca sau condamna persoana respectivă fără să puteți verifica faptele. De cele mai multe ori, când părinții aud lucruri rele despre copiii lor, cum reacționează? Nu acceptă spusele cu una, cu două, ci mai degrabă insistă asupra faptului că copiii lor n-ar face asemenea lucruri. S-ar chiar putea să gândească că persoana care spune acele lucruri este rău-intenționată. În același fel, când iubiți pe cineva cu adevărat, veți căuta să aveți cea mai bună părere despre persoana respectivă.

Dar, în ziua de azi, vedem că oamenilor le este relativ ușor să gândească negativ despre alții și să îi vorbească de rău. Fac acest lucru nu numai cu cei pe care îi cunosc dar și cu cei care dețin funcții publice.

Astfel de oameni nici măcar nu încearcă să afle detalii despre cele petrecute, ci doar răspândesc zvonuri nefondate. Datorită unor răspunsuri agresive de pe Internet, unii chiar ajung să se sinucidă. Aceștia nu judecă și condamnă potrivit cu Cuvântul lui Dumnezeu ci cu stardardele lor proprii. Oare este aceasta voia cea bună a lui Dumnezeu?

Iacov 4:12 ne avertizează: „Unul singur este dătătorul și judecătorul Legii: Acela care are putere să mântuiască și să piardă. Dar tu cine ești de judeci pe aproapele tău?"

Numai Dumnezeu poate judeca cu nepărtinire. Iar Dumnezeu ne spune că este rău ca noi să ne judecăm aproapele. Să presupunem că un om a făcut vădit un lucru rău. În această situație, pentru cei care au dragoste spirituală este irelevant dacă persoana respectivă a greșit sau nu. Ei se vor gândi doar la ceea ce îi este de folos omului și vor dori doar să-i meargă bine sufletului acestuia și să fie iubit de Dumnezeu.

Mai mult, dragostea desăvârșită nu doar acoperă greșeala, dar și ajută pe cel care a greșit să se căiască. Cu alte cuvinte, ar trebui să-l putem învăța adevărul și să-i atingem inima astfel încât acesta să poată apuca pe calea dreaptă și să se schimbe. Când dragostea noastră spirituală este desăvârșită, nu va mai fi necesar să încercăm să fim buni cu acel om. În mod natural, vom iubi și pe cel care a făcut multe greșeli. Tot ce vom dori este să avem încredere în acel om și să îl ajutăm. Dacă nu avem niciun gând de judecată sau condamnare la adresa altora, ne vom bucura de orice om cu care ne întâlnim.

A treia categorie include gândurile care nu sunt în concordanță cu voia lui Dumnezeu.

Orice gând nefast despre alții precum și orice gând care nu este după voia lui Dumnezeu constituie un gând rău. În lume, oamenii care trăiesc conform conștiinței proprii și a unor stardarde morale sunt considerați a fi buni.

Dar stadardul absolut de bunătate nu poate fi dat nici de conștiință, nici de moralitate. Ambele conțin multe lucruri care se opun parțial sau în totalitate Cuvântului lui Dumnezeu. Numai Cuvântul lui Dumnezeu poate stabili standardul absolut de bunătate.

Cei care Îl primesc pe Domnul mărturisesc că sunt păcătoși. Oamenii se pot mândri cu faptul că duc o viață bună, morală, dar potrivit cu Cuvântul lui Dumnezeu ei continuă să fie răi și păcătoși. Orice lucru care nu este conform Cuvântului lui Dumnezeu este rău și păcat, iar Cuvântul lui Dumnezeu este singurul stardard absolut de bunătate (1 Ioan 3:4).

Atunci, care este diferența dintre păcat și rău? În general, păcatul și răul sunt lucruri neadevărate, contrare adevărului pe care-l găsim în Cuvântul lui Dumnezeu. Ele sunt pline de întuneric, opusul lui Dumnezeu, care este Lumină.

În particular însă, păcatul nu-i totuna cu răul. Dacă ar fi să facem comparație cu un copac, „răul" ar fi rădăcina din pământ, care nu se vede, iar „păcatul" ar fi crengile, frunzele și roadele.

După cum rădăcina unui copac produce crengi, frunze și roade, tot astfel, răul produce păcat. Răul este firea din inima omului. Această fire este opusul bunătății, dragostei și adevărului lui Dumnezeu. Când răul se manifestă într-un anume fel, numim această manifestare păcat.

Isus a spus: „Omul bun scoate lucruri bune din vistieria bună a inimii lui, iar omul rău scoate lucruri rele din vistieria rea a inimii lui; căci din prisosul inimii vorbește gura." (Luca 6:45)

Să presupunem că un om vorbește răutăcios și rănește o persoană pe care o urăște. Răul din inima omului se manifestă ca „ură" și „cuvinte răutăcioase", iar acestea sunt păcate specifice. Păcatul se definește în acord cu standardul numit Cuvântul lui Dumnezeu, care este porunca.

Fără lege, un om nu poate pedepsi pe altul pentru că nu există un standard după care să se discearnă sau să se judece. Cuvântul lui Dumnezeu este legea care stabilește standardul de judecată, iar păcatul este dat pe față pentru că este contrar Cuvântului. Păcatul poate fi împărțit în lucrurile firii și faptele firii. Lucrurile firii sunt păcatele comise în inimă și în minte precum ura, invidia, gelozia sau gândurile de infidelitate conjugală. Faptele firii sunt comise printr-o acțiune precum cearta, pierderea cumpătului sau uciderea.

Într-un fel, clasificarea este similară cu modul în care păcatele și crimele comise în lume sunt împărțite pe categorii diferite de păcate. De exemplu, o crimă poate fi comisă împotriva unei națiuni, a unei comunități sau a unui individ.

Chiar dacă cineva are răutate în inimă, asta nu înseamnă că va ajunge să comită păcate. Dacă ia aminte la Cuvântul lui Dumnezeu și are stăpânire de sine, poate evita comiterea păcatelor în pofida faptului că are, totuși, o măsură de răutate în inima sa. În această fază, s-ar putea ca omul respectiv să se mulțumească gândindu-se că deja a ajuns la sfințenie din cauză că nu comite păcate vizibile.

Pentru a fi sfințiți pe deplin însă trebuie să ne lepădăm de răul din firea noastră, care locuiește în adâncul inimii. Firea omului conține răul moștenit de la părinți. Acest lucru nu este evident în situații obișnuite dar într-o situație extremă va ieși la suprafață.

Un proverb coreean spune: „Oricine va sări gardul vecinului dacă nu a mâncat de trei zile." Este similar cu a spune că „nevoia n-are stăpân". Până nu suntem sfințiți pe deplin, răul ascuns va ieși la iveală într-o situație extremă.

Chiar dacă sunt foarte mici, excrementele muștelor sunt tot excremente. În mod asemănător, chiar dacă nu sunt păcate, toate lucrurile imperfecte în ochii Dumnezeului perfect sunt o formă sau alta de rău. De aceea, 1 Tesaloniceni 5:22 spune: „Feriți-vă de orice se pare rău."

Dumnezeu este dragoste. În principiu, toate poruncile lui Dumnezeu sunt cuprinse în „dragoste". Cu alte cuvinte, lipsa de dragoste este un rău și o nelegiuire. De aceea, pentru a afla dacă ne gândim la rău, trebuie să vedem câtă dragoste avem în inimă. Cu cât mai mult iubim pe Dumnezeu și pe aproapele nostru, cu atât mai puțin ne vom gândi la rău.

Și porunca Lui este să credem în Numele Fiului Său Isus Hristos, și să ne iubim unii pe alții, cum ne-a poruncit El. (1 Ioan 3:23)

Dragostea nu face rău aproapelui: dragostea deci este împlinirea Legii. (Romani 13:10)

Cum să nu ne gândim la rău

Pentru a nu ne gândi la rău, mai presus de orice, trebuie să ne păzim ochii și urechile de lucruri rele. Chiar dacă se întâmplă să vedem sau să auzim ceva, ar trebui să încercăm să uităm și să nu ne gândim la acel lucru din nou. Bineînțeles, uneori s-ar putea să nu ne putem controla gândurile care ne vin în minte. Este posibil ca un gând pe care încercăm să-l uităm să ne vină în minte cu mai mare insistență. Dar, pe măsură ce ne rugăm, străduindu-ne să nu avem niciun gând rău, Duhul Sfânt ne va ajuta. Este necesar să evităm continuu și în mod intenționat să vedem, să auzim sau să ne gândim la lucruri rele. Mai mult, trebuie să ne lepădăm până și de gândurile care ne trec prin minte într-un moment sau altul.

De asemenea, trebuie să nu fim părtași niciunui lucru rău. În 2 Ioan 1:10-11 scrie: „Dacă vine cineva la voi, și nu vă aduce învățătura aceasta, să nu-l primiți în casă, și să nu-i ziceți: «Bun venit!» Căci cine-i zice: «Bun venit!» se face părtaș faptelor lui rele."Astfel, Dumnezeu ne sfătuiește să evităm răul și să nu-l acceptăm.

Omul moștenește firea păcătoasă de la părinții săi. Pe parcursul vieții pământești, oamenii vin în contact cu foarte mult neadevăr. Prin urmare, nucleul personalității, sau „eul", este dictat de această fire păcătoasă și de neadevărurile din inimă. Viața creștină presupune lepădarea de această fire păcătoasă și de neadevăr din momentul în care Îl acceptăm pe Domnul. Pentru a ne lepăda de firea păcătoasă și de neadevăr avem nevoie de multă răbdare și strădanie. Din cauză că trăim în mijlocul acestei lumi, suntem mai familiarizați cu neadevărul decât cu adevărul. Este mai ușor să acceptăm un neadevăr și să îi facem loc în inimă decât este să ne lepădăm de el. De exemplu, este ușor să pătăm o haină albă cu cerneală neagră, dar este foarte greu să îndepărtăm ulterior pata ca să facem haina din nou albă.

Răul, oricât de mic, poate deveni „mai rău" într-o clipită. După cum ni se spune în Galateni 5:9 – „Puțin aluat face să se dospească toată plămădeala" – un rău mic se poate răspândi foarte repede asupra multor oameni. De aceea, trebuie să avem grijă și cu cel mai mic rău. Pentru a reuși să nu ne gândim la rău, trebuie să urâm răul fără nicio reținere. Dumnezeu ne poruncește în Psalmul 97:10 – „Urâți răul, ceice iubiți pe Domnul", iar în Proverbe 8:13 ne învață că „Frica de Domnul este urârea răului."

Când iubiți pe cineva foarte mult, ceea ce îi place persoanei respective vă va plăcea și vouă și ceea ce persoana detestă veți detesta și voi. Nu este necesar să aveți vreun motiv. Când copiii lui Dumnezeu, care L-au primit pe Duhul Sfânt, comit păcate, Duhul Sfânt dinăuntrul lor suspină iar ei simt o durere în inimă. Astfel, își dau seama că Dumnezeu urăște lucrurile pe care le-au făcut și încearcă să nu le mai facă. Este important să căutăm să ne lepădăm până și de cele mai mici rele și să nu mai facem altele.

Fiți plini de Cuvântului lui Dumnezeu și de rugăciune

Răul este un lucru atât de nefolositor. Proverbe 22:8 spune – „Cine seamănă nelegiuire, nelegiuire va secera." Când facem lucruri rele, s-ar putea să ne îmbolnăvim noi sau copiii noștri și s-ar putea să suferim accidente. Poate că trăim în durere din cauza sărăciei și a problemelor din familie. La urma urmei, toate acestea se trag din rău.

Nu vă înșelați: „Dumnezeu nu Se lasă să fie batjocorit." Ce seamănă omul, aceea va și secera. (Galateni 6:7)

Bineînțeles, se poate ca necazurile să nu vină instantaneu peste noi. În acest caz, când răul se tot adună, s-ar putea să creeze probleme care să îi afecteze pe copiii noștri ulterior. Din cauză că nu înțeleg o astfel de regulă, oamenii lumești fac multe lucruri rele într-un fel sau altul.

De exemplu, ei consideră că este normal să se răzbune pe cei care le-au făcut rău. Dar în Proverbe 20:22 scrie – „Nu zice: «Îi voi întoarce eu răul!» Nădăjduiește în Domnul, și El te va ajuta."

Potrivit cu dreptatea Sa, Dumnezeu controlează viața și moartea, șansa și neșansa omenirii. De aceea, dacă ne purtăm cu bunătate conform Cuvântului lui Dumnezeu, vom culege fără îndoială roadele produse de bunătate. Se va întâmpla după promisiunea din Exodul 20:6 care spune: „Mă îndur până la al miilea neam de cei ce Mă iubesc și păzesc poruncile Mele."

Pentru a ne păzi de rău, trebuie să urâm răul. Pe deasupra, este necesar să avem în permanență două lucruri din belșug: Cuvântul lui Dumnezeu și rugăciune. Când meditâm la Cuvântul lui Dumnezeu zi și noapte, putem alunga gândurile rele și ne putem umple de gânduri bune, spirituale. Atunci vom putea înțelege care lucruri sunt făcute dintr-o dragoste neprefăcută.

De asemenea, când ne rugăm, cugetăm mai profund asupra Cuvântului și astfel vom putea vedea răul din cuvintele și faptele noastre. Când ne rugăm fierbinte cu ajutorul Duhului Sfânt, putem învinge răul și putem lepăda răul din inimă. Să ne grăbim, dar, să lepădăm răul cu ajutorul Cuvântului lui Dumnezeu și al rugăciunii ca să putem trăi o viață plină de fericire.

10. Dragostea nu se bucură de nelegiuire

Cu cât mai dezvoltată este o societate, cu atât mai mari sunt șansele de reușită ale oamenilor cinstiți. Țările mai puțin dezvoltate tind să aibă mai multă corupție și aproape orice lucru poate fi obținut sau cumpărat cu bani. Corupția este supranumită boala națiunilor pentru că este direct legată de prosperitatea țării respective. Corupția și fărădelegea afectează într-o mare măsură și viața fiecărui individ. Oamenii egoiști nu pot fi cu adevărat satisfăcuți deoarece se gândesc numai la ei înșiși și nu îi pot iubi pe alții.

A nu se bucura de fărădelege și a nu se gândi la rău sunt lucruri relativ similare. „A nu se gândi la rău" înseamnă a nu avea niciun fel de rău în inimă. „A nu se bucura de fărădelege" înseamnă a nu-și găsi plăcerea într-o purtare rușinoasă, în fapte și comportamente de ocară și a nu fi părtaș acestora.

Să presupunem că sunteți geloși pe un prieten care este bogat. Vă displace omul respectiv din cauză că pare să se mândrească cu averea lui tot timpul. În sine, vă gândiți: „De ce este atât de bogat, iar eu nu? Sper să dea faliment." Acesta este un exemplu de a se gândi la lucruri rele. Într-o bună zi, cineva îl trage pe sfoară și afacerea lui dă faliment. Dacă situația aceasta vă satisface și vă ziceți în sine — „S-a tot fălit cu averea lui, așa-i trebuie! — acesta este un exemplu de a se bucura de fărădelege. Mai mult, dacă sunteți părtași unor astfel de lucruri, aceasta înseamnă că vă bucurați în mod activ de fărădelege.

Există fărădelege pe care până și necredincioșii o consideră astfel. De exemplu, unii oameni acumulează averi prin mijloace necinstite, înșelând pe alții sau amenințându-i cu forța. Alții încalcă regulile sau legile țării respective acceptând o mită în schimb. Dacă un judecător dă un verdict necinstit după ce a fost mituit și un om nevinovat este pedepsit, acest lucru este o fărădelege în ochii oricui. Judecătorul folosește greșit autoritatea cu care a fost învestit.

Un om care vinde un produs poate să înșele în privința volumului sau a calității produsului. Astfel, s-ar putea să folosească materii prime ieftine și de calitate inferioară pentru a avea un câștig pe nedrept. Astfel de oameni nu se gândesc la alții ci numai la câștigul lor de scurtă durată. Ei știu bine ce este corect, dar nu ezită să îi înșele pe alții pentru că se bucură de banii câștigați pe nedrept. De fapt, mulți sunt cei care îi înșeală pe alții pentru un câștig nedrept. Dar cum stau lucrurile în ce ne privește? Se poate spune că suntem neprihăniți?

Să ne imaginăm scenariul următor. Aveți o slujbă de funcționar și aflați că unul din prietenii apropiați câștigă mulți bani prin intermediul unei afaceri ilegale. Dacă este prins, va suferi o pedeapsă serioasă. Acest prieten vă dă o sumă mare de bani ca să nu spuneți nimic și să închideți ochii o vreme. Vă spune că vă va da o cantitate și mai mare de bani mai târziu. În același timp, familia voastră trece printr-o situație de criză și aveți nevoie de această mare sumă de bani. Ce ați face în situația respectivă?

Haideți să ne imaginăm o altă situație. Într-o zi, vă verificați contul bancar și descoperiți că aveți mai mulți bani în cont decât ar fi trebuit. Aflați că banii destinați taxelor nu au fost reținuți. Ce ați face în acest caz? V-ați bucura gândindu-vă că este greșeala lor și nu responsabilitatea voastră?

În 2 Cronici 19:7 scrie: „Acum, frica Domnului să fie peste voi; vegheați asupra faptelor voastre, căci la Domnul, Dumnezeul nostru, nu este nici o nelegiuire, nici nu se are în vedere fața oamenilor, nici nu se primesc daruri." Dumnezeu este drept și nu există nicio fărădelege în El. Ne putem ascunde de ochii oamenilor, dar nu Îl putem minți pe Dumnezeu. De aceea, dacă am avea numai frica de Domnul, ar trebui să fim cinstiți și să umblăm pe calea dreaptă.

Uitați-vă la Avraam. Când nepotul său a fost luat ca prizonier în urma bătăliei de la Sodoma, Avraam l-a adus înapoi nu numai pe nepotul său, dar și pe ceilalți oameni care fuseseră luați prizonieri împreună cu averile lor. Împăratul Sodomei a vrut să își arate recunoștința față de Avraam dăruindu-i unele din lucrurile pe care acesta le adusese înapoi împăratului, dar Avraam a refuzat.

Avram a răspuns împăratului Sodomei: „Ridic mâna spre Domnul, Dumnezeul Cel Prea Înalt, Ziditorul cerului și al pământului, și jur că nu voi lua nimic din tot ce este al tău, nici măcar un fir de ață, nici măcar o curea de încălțăminte, ca să nu zici: „Am îmbogățit pe Avram." (Geneza 14:22-23)

Când soția lui, Sara, a murit, proprietarul unui teren i-a oferit lui Avraam un loc de înmormântare, dar acesta nu l-a acceptat gratis ci a plătit un preț cinstit. A făcut acest lucru pentru a evita orice dispută viitoare cu privire la bucata de pământ. A acționat în acest fel pentru că era un om cinstit care nu a dorit să primească ceva pe nemeritate sau pe nedrept. Dacă ar fi umblat după bani, și-ar fi căutat doar folosul propriu.

Cei care-L iubesc pe Dumnezeu și sunt iubiți de Dumnezeu nu vor face niciodată rău altora și nu-și vor căuta folosul propriu încălcând legea țării. Nu așteaptă să primească mai mult decât ceea ce li se cuvine în urma muncii cinstite depuse. Cei care se bucură de fărădelege nu iubesc nici pe Dumnezeu, nici pe aproapele lor.

Nelegiuirea în ochii lui Dumnezeu

Nelegiuirea în Domnul se diferențiază de nelegiuirea în general. Aceasta nu are de a face numai cu încălcarea legii și cu prejudicii la adresa altora, dar și cu orice păcat care este contrar Cuvântului lui Dumnezeu. Când răul din inimă se manifestă într-un anume fel, este păcat și nelegiuire. Printre multele păcate, nelegiuirea se referă în special la lucrările firii.

Ura, invidia, gelozia și alte rele din inimă se materializează în fapte precum cearta, zavistiile, violența, înșelătoria sau uciderea. Biblia ne spune că dacă comitem fărădelege este dificil să primim mântuire.

În 1 Corinteni 6:9-10 scrie: „Nu știți că cei nedrepți nu vor moșteni Împărăția lui Dumnezeu? Nu vă înșelați în privința aceasta: nici curvarii, nici închinătorii la idoli, nici preacurvarii, nici malahii, nici sodomiții, nici hoții, nici cei lacomi, nici bețivii, nici defăimătorii, nici răpareții nu vor moșteni Împărăția lui Dumnezeu."

Acan este unul din oamenii care au iubit nedreptatea și acest lucru a dus la nimicirea sa. El a făcut parte din a doua generație de după Exod și încă din copilărie a văzut și a auzit lucrurile pe care Dumnezeu le făcuse pentru poporul Său. A văzut stâlpul de nor din timpul zilei și stâpul de foc din timpul nopții care i-a călăuzit. A văzut cum curgerea râului Iordan încetase pentru o scurtă vreme și zidurile impenetrabile ale cetății Ierihonului prăvălindu-se într-o clipită. De asemenea, a știut prea bine că liderul lor,

Iosua, poruncise ca nimeni să nu ia din prada de război confiscată în Ierihon pentru că urma să fie închinată lui Dumnezeu.

Dar, în momentul în care a văzut lucrurile din Ierihon, s-a pierdut cu firea din cauza lăcomiei. După ce trăise o viață nevoită timp îndelungat în pustie, lucrurile din cetate i-au părut foarte alese. Când a văzut mantaua frumoasă, aurul și argintul, a uitat de Cuvântului lui Dumnezeu și de porunca lui Iosua și a ascuns aceste lucruri pentru sine.

Din cauza acestui păcat prin care Acan a încălcat porunca lui Dumnezeu, Israel a suferit multe piereri în următoarea bătălie. Prin acea înfrângere, nelegiuirea lui Acan a fost scoasă la iveală, iar el și întreaga familie au fost omorâți cu pietre. Locul unde aceștia au fost acoperiți cu un morman de pietre se numește Valea Acor.

Haideți să luăm textul din Numeri capitolele 22-24. Balaam a fost un om care putea comunica cu Dumnezeu. Într-o zi, Balac, împăratul Moabului, i-a cerut să îi blesteme pe copiii lui Israel. Dar, Dumnezeu i-a spus lui Balaam: „Să nu te duci cu ei; și să nu blăstămi poporul acela, căci este binecuvântat." (Numeri 22:12)

După ce a auzit Cuvântul lui Dumnezeu, Balaam a refuzat să dea curs cerinței împăratului Moabului. Dar, când împăratul i-a trimis aur și argint și multe bogății, mintea lui a fost încețoșată. În final, a fost orbit de bogății și l-a învățat pe împărat cum să pună o cursă pentru poporul Israel. Care a fost rezultatul final? Fiii lui Israel au mâncat bucatele închinate idolilor și au comis adulter atrăgând astfel asupra poporului un mare necaz, iar Balaam a fost ucis de sabie. Toate acestea au fost rezultatul poftei de câștig pe nedrept.

Din perspectiva lui Dumnezeu, nelegiuirea este direct conectată cu mântuirea. Când vedem frați și surori în credință săvârșind nelegiuire asemenea celor necredincioși din lume, ce trebuie să facem? Desigur că trebuie să îi deplângem, să ne rugăm pentru ei și să îi ajutăm să trăiască potrivit cu Cuvântul lui Dumnezeu. Însă, din nefericire, unii credincioși îi invidiază pe aceștia și își zic: „Și eu vreau să-mi fac viața creștină mai ușoară și mai confortabilă asemenea lor." Mai mult, dacă vă faceți părtași unor astfel de lucruri, nu se poate spune că iubiți pe Domnul.

Isus, fiind nevinovat, a murit ca să ne aducă pe noi, cei nelegiuiți, la Dumnezeu (1 Petru 3:18). Când vedem această mare dragoste a Domnului, ar trebui să nu ne bucurăm de nelegiuire niciodată. Cei care nu se bucură de nelegiuire, nu numai că evită să umble în nelegiuire, dar și trăiesc în mod continuu după Cuvântul lui Dumnezeu. Doar atunci pot deveni prietenii Domnului și pot trăi o viață îmbelșugată (Ioan 15:14).

11. Dragostea se bucură de adevăr

Ioan, unul din cei doisprezece ucenici ai lui Isus, a fost cruțat de martiraj și a trăit până la adânci bătrânețe predicând Evanghelia lui Isus Cristos și arătând planul lui Dumnezeu multor oameni. Unul dintre lucrurile de care s-a bucurat în ultimii ani de viață a fost să audă cum creștinii încercau să trăiască după Cuvântul lui Dumnezeu, adică după Adevăr.

Ioan a spus: „A fost o mare bucurie pentru mine când au venit frații și au mărturisit că ești credincios adevărului și că umbli în adevăr. Eu n-am bucurie mai mare decât să aud despre copiii mei că umblă în adevăr." (1 Ioan 1:3-4)

Putem să-i vedem mulțumirea sufletească din cuvintele: „A fost o mare bucurie". Înainte, Ioan se aprindea repede, de aceea a fost numit chiar fiu al tunetului când era mai tânăr dar, după ce s-a schimbat, a fost numit apostolul iubirii.

Dacă Îl iubim pe Dumnezeu, nu vom trăi în necurăție, ci mai degrabă vom umbla în adevăr. De asemenea, ne vom bucura în adevăr, adică în Isus Cristos, în Evanghelie și toate cele 66 de cărți ale Bibliei. Cei care Îl iubesc pe Dumnezeu și sunt iubiți de El se vor bucura cu siguranță de Isus Cristos și de Evanghelie. Se vor bucura când Împărăția lui Dumnezeu se lărgește. Dar, ce înseamnă a se bucura de adevăr?

În primul rând, a ne bucura de adevăr înseamnă a ne bucura de Evanghelie

Evanghelia este vestea bună și anume că suntem mântuiți prin Isus Cristos și că vom merge în Împărăția Cerească. Mulți oameni caută adevărul și pun întrebări de genul: Care este scopul vieții? Care este semnificația vieții? Pentru a răspunde acestor întrebări, ei se uită la idei și concepte filozofice sau încearcă să primească răspunsuri prin diverse religii. Însă, adevărul este Isus Cristos și nimeni nu poate intra în Cer fără El. De aceea, Isus a spus: „Eu sunt Calea, Adevărul și Viața. Nimeni nu vine la Tatăl decât prin Mine." (Ioan 14:6)

Am primit mântuirea și viața veșnică când L-am primit pe Isus Cristos. Suntem iertați de păcate prin sângele Domnului și suntem strămutați din iad în Cer. Acum putem înțelege semnificația vieții și putem duce o viață plină de sens. Prin urmare, este normal să ne bucurăm de Evanghelie. Cei care se bucură de ea, o vor răspândi cu devotament și altora. Ei își vor împlini chemarea dată de Dumnezeu și vor lucra cu credincioșie pentru a răspândi Evanghelia. De asemenea, se vor bucura când sufletele aud Evanghelia și sunt mântuite primindu-L pe Domnul. Ei se bucură când Împărăția lui Dumnezeu se lărgește. „ [Dumnezeu] voiește ca toți oamenii să fie mântuiți și să vină la cunoștința adevărului." (1 Timotei 2:4)

Unii credincioși sunt invidioși pe alții când îi văd cum evanghelizează mulți oameni și aduc multă roadă. Unele biserici sunt geloase pe alte biserici când văd creșterea lor spirituală și modul în care Îi aduc slavă lui Dumnezeu. Atitudinea lor denotă că nu se bucură de adevăr. Dacă avem dragoste spirituală în inima noastră, ne vom bucura când vedem că Împărăția lui Dumnezeu se lărgește cu putere. Ne vom bucura împreună când vedem o biserică care crește și este iubită de Dumnezeu. Aceasta înseamnă să ne bucurăm de adevăr, adică să ne bucurăm de Evanghelie.

În al doilea rând, a ne bucura de adevăr înseamnă a ne bucura de tot ce ține de adevăr.

Acest lucru înseamnă să ne bucurăm când vedem, auzim și facem lucruri ce țin de adevăr, cum ar fi bunătatea, dragostea și dreptatea. Cei ce se bucură de adevăr sunt atinși și plâng de bucurie când aud și cele mai neînsemnate fapte bune. Ei mărturisesc despre Cuvântul lui Dumnezeu că este Adevărul și că este mai dulce decât mierea de pe fagure. Prin urmare, ei se bucură ascultând predici și citind din Biblie. Mai mult, se bucură când pun Cuvântul lui Dumnezeu în aplicare. Ei împlinesc cu bucurie Cuvântul care spune să slujim, să înțelegem și să iertăm chiar și pe cei care ne creează dificultăți.

David L-a iubit pe Dumnezeu și a dorit să construiască Templul lui Dumnezeu, însă El nu l-a lăsat. Motivul este redat în 1 Cronici 28:3: „Să nu zidești o Casă Numelui Meu, căci ești un om de război și ai vărsat sânge." Vărsarea de sânge a fost inevitabilă pentru David din moment ce a fost implicat în multe războaie deci, înaintea lui Dumnezeu, el nu era considerat potrivit pentru această lucrare.

David nu a putut să construiască el însuși Templul, dar a pregătit materialele de construcție ca fiul său, Solomon, să îl construiască. David a pregătit totul cu multă dăruire și acest lucru i a adus multă bucurie. „Poporul s-a bucurat de darurile lor de bunăvoie, căci le dădeau cu dragă inimă Domnului; și împăratul David, de asemenea, s-a bucurat mult." (1 Cronici 29:9)

Tot astfel, cei care se bucură de adevăr se vor bucura când altora le merge bine. Ei nu sunt invidioși. Nici nu le trec prin minte gânduri de genul „poate că ar trebui să i se întâmple ceva rău acestei persoane" și nici nu se bucură de nefericirea altora. Se mâhnesc când văd că se întâmplă ceva rău. De asemenea, cei care se bucură de adevăr pot iubi cu bunătate, cu o inimă neschimbătoare, cu adevăr și integritate. Ei se bucură să facă fapte bune și să rostească cuvinte frumoase. Dumnezeu se bucură de asemenea de ei cu strigăte de veselie după cum este scris în Țefania 3:17 – „Domnul Dumnezeul tău este în mijlocul tău, ca un viteaz care poate ajuta; Se va bucura de tine cu mare bucurie, va tăcea în dragostea Lui și nu va mai putea de veselie pentru tine."

Chiar dacă nu vă puteți bucura de adevăr tot timpul, nu trebuie să fiți descurajați sau dezamăgiți. Dacă faceți ce vă stă în putință, pentru Dumnezeul dragostei va fi ca și cum v-ați „bucura de adevăr".

În al treilea rând, a ne bucura de adevăr înseamnă a crede Cuvântul lui Dumnezeu și a încerca să Îl punem în aplicare

Este greu de găsit o persoană care să se bucure de adevăr de la început. Atâta timp cât avem întuneric și neadevăr în noi, ne putem gândi la lucruri rele sau ne putem bucura și de lucruri păcătoase. Însă, încetul cu încetul, putem să ne schimbăm și să ne lepădăm de inima necredincioasă ca să ajungem să ne bucurăm complet de adevăr. Până atunci, însă, trebuie să ne străduim din greu.

De exemplu, nu toată lumea se bucură să meargă la biserică. Cei care au devenit creștini recent sau cei care au credință slabă, se pot simți obosiți, sau mintea le poate fi altundeva. Se pot gândi la rezultatul meciurilor de baschet, sau pot fi neliniștiți când se gândesc la întâlnirea de afaceri din ziua următoare.

Însă, mersul la biserică și participarea la serviciul divin fac parte din strădința de a asculta de Cuvântul lui Dumnezeu. Înseamnă să ne bucurăm de adevăr. De ce încercăm să facem astfel de lucruri? Ca să putem primi mântuirea și să mergem în Cer. Fiindcă am auzit Cuvântul Adevărului și credem în Dumnezeu, credem că există o judecată și că Cerul și iadul sunt reale. Știm că în Cer vom primi diferite răsplăți, de aceea vom încerca și mai mult să ne sfințim și să lucrăm cu credincioșie în toată casa lui Dumnezeu. Chiar dacă nu ne vom bucura de adevăr 100%, dacă vom face ce ne stă în putință conform măsurii de credință pe care o avem, aceasta înseamnă că ne bucurăm de Adevăr.

Foamea și setea după Adevăr

Ar trebui să fie atât de normal să ne bucurăm de Adevăr. Doar Adevărul ne dă viața eternă și ne poate schimba complet. Dacă auzim Adevărul, adică Evanghelia, și îl punem în aplicare vom primi viață veșnică și vom deveni copii adevărați ai lui Dumnezeu. Datorită faptului că suntem plini de nădejde pentru Împărăția Cerească și de dragoste spirituală, fețele noastre vor străluci de bucurie. De asemenea, în măsura în care suntem schimbați de Adevăr, în aceeași măsură vom fi fericiți pentru că suntem iubiți și binecuvântați de Dumnezeu și suntem iubiți de mulți oameni.

Trebuie să ne bucurăm de Adevăr tot timpul și, mai ales, să fim flămânzi și însetați după Adevăr. Dacă vă este foame și sete, veți dori neapărat să mâncați și să beți. Când tânjim după Adevăr, trebuie să îl dorim din toată inima ca să putem fi transformați în scurt timp în oameni ai Adevărului. Trebuie să trăim o viață în care să bem și să mâncăm Adevărul continuu. Ce înseamnă să mâncăm și să bem Adevărul? Înseamnă să avem Cuvântul lui Dumnezeu în inimă și să-l punem în aplicare.

Când stăm înaintea unei persoane mult iubite, este greu să ne ascundem fericirea de pe față. Tot astfel stau lucrurile și când Îl iubim pe Dumnezeu. În prezent, nu putem sta înaintea lui Dumnezeu față în față dar, dacă Îl iubim cu adevărat, acest lucru se va reflecta în exterior. Aceasta înseamnă că, dacă vedem și auzim ceva despre Adevăr, vom fi bucuroși și fericiți. Cei din jurul nostru ne vor vedea fețele fericite. Vom vărsa lacrimi de mulțumire doar când ne gândim la Dumnezeu și la Domnul și inimile noastre vor fi atinse chiar și de mici fapte de bunătate.

Lacrimile bune, cum ar fi cele de mulțumire sau de mâhnire pentru alte suflete, vor deveni mai târziu nestemate frumoase, care vor decora casa fiecăruia în Cer. Haideți să ne bucurăm de Adevăr ca viețile noastre să fie o dovadă că suntem iubiți de Dumnezeu.

Caracteristicile dragostei spirituale II

6. Nu se poartă necuviincios

7. Nu își caută folosul propriu

8. Nu se mânie

9. Nu se gândește la rău

10. Nu se bucură de nelegiuire

11. Se bucură de adevăr

12. Dragostea acoperă totul

Când Îl primim pe Isus Cristos și încercăm să trăim după Cuvântul lui Dumnezeu, trebuie să îndurăm multe lucruri. Trebuie să facem față situațiilor care ne provoacă. De asemenea, trebuie să avem stăpânire de sine pentru a nu ne urma dorințele proprii. Din acest motiv, prima caracteristică a dragostei este răbdarea.

Răbdarea se referă la lupta interioară pe care o experimentează cineva când încearcă să îndepărteze neadevăruri din inimă. „Dragostea acoperă totul" are un sens mai larg. După ce cultivăm adevărul în inimile noastre, prin răbdare, trebuie să suportăm toate durerile pe care le întâmpinăm datorită altor oameni. Mai precis, expresia se referă la a suferi toate lucrurile care nu sunt în concordanță cu dragostea spirituală.

Isus a venit pe pământ ca să mântuiască pe păcătoși, dar cum L-au tratat oamenii? El a făcut doar lucruri bune, însă oamenii L-au batjocorit, L-au neglijat și nu L-au luat în seamă. În final, L-au răstignit. Cu toate acestea, Isus a suferit aceste lucruri din partea oamenilor și a mijlocit pentru ei neîncetat. S-a rugat pentru oameni, spunând: „Tată, iartă-i, căci nu știu ce fac!" (Luca 23:34)

Care a fost urmarea faptului că Isus a suferit toate lucrurile și a răspuns cu iubire față de toți? Oricine Îl acceptă pe Isus ca mântuitor personal poate primi mântuirea și poate deveni copil al lui Dumnezeu. Am fost eliberați de moarte și am primit viața veșnică.

Un proverb coreean spune: „ascuți un topor ca să faci un ac."

Aceasta înseamnă că prin rădare și perseverență putem duce la îndeplinire orice lucru dificil. De cât timp și efort e nevoie să ascuțim un topor de oțel ca să putem face un ac ascuțit? Desigur pare un o sarcină atât de dificilă încât ne putem întreba: „De ce nu vinzi toporul ca să cumperi ace în schimb?"

Însă, Dumnezeu a acceptat o astfel de sarcină fiindcă El este stăpânul duhului nostru. Dumnezeu este încet la mânie și ne ajută întotdeauna, arătându-ne compasiune și îndurare pentru că ne iubește. El chizelează și șlefuiește oamenii în pofida faptului că inimile lor sunt dure ca oțelul. El așteaptă ca toți să devină copii adevărați ai Săi, chiar dacă nu par a avea șanse prea mari.

Nu va frânge o trestie ruptă și nici nu va stinge un fitil care fumegă, până va face să biruie judecata. (Matei 12:20)

Dumnezeu continuă să poarte toată durerea când vede faptele oamenilor, dar ne așteaptă cu bucurie. El a fost plin de răbdare cu oamenii și a așteptat ca ei să fie schimbați datorită bunătății Sale, chiar dacă s-au purtat cu răutate timp de mii de ani. În pofida faptului că I-au întors spatele și au slujit idolilor, Dumnezeu le-a arătat că El este Dumnezeul adevărat și le-a purtat de grijă cu credință. Dacă Dumnezeu ar spune: „Sunteți plini de păcate și neputincioși. Nu vă mai pot suporta", câți oameni ar mai fi mântuiți?

După cum scrie în Ieremia 31:3 – „Te iubesc cu o iubire veșnică; de aceea îți păstrez bunătatea Mea" – Dumnezeu ne călăuzește cu dragostea Lui veșnică și nemărginită.

Fiind pastorul unei biserici mari, am putut înțelege, într-o anumită măsură, răbdarea lui Dumnezeu. Am întâlnit oameni cu multe păcate și greșeli dar, pentru că am simțit inima lui Dumnezeu, m-am uitat la ei cu credința că într-o zi se vor schimba și vor da slavă lui Dumnezeu. Pe măsură ce eram răbdător și aveam credință în ei am văzut că, din nou și din nou, mulți dintre membrii bisericii deveneau buni lideri.

De fiecare dată uit cât timp am avut răbdare cu ei și mi se pare că a durat doar o clipă. Pot să înțeleg versetul din 2 Petru 3:8 care spune: „Dar, preaiubiților, să nu uitați un lucru: că, pentru Domnul, o zi este ca o mie de ani, și o mie de ani sunt ca o zi." Dumnezeu rabdă toate lucrurile o perioadă atât de lungă și totuși o consideră ca pe un moment trecător. Haideți să experimentăm dragostea lui Dumnezeu și să o arătăm celor din jur.

13. Dragostea crede totul

Dacă iubiți pe cineva cu adevărat, veți susține în totalitate persoana respectivă. Chiar dacă are neajunsuri, veți încerca să aveți încredere în el sau ea. Un soț și o soție sunt legați prin dragoste unul de altul. Dacă dragostea lipsește dintr-un cuplu căsătorit, aceasta înseamnă că cei doi nu au încredere unul în altul; astfel, se ceartă din orice și au dubii cu privire la partenerul lor de viață. În cazuri serioase, pot avea și închipuiri despre infidelitate și își pot provoca unul altuia suferință fizică și psihică. Dacă se iubesc cu adevărat, au încredere unul în altul fără rezerve, cred că partenerul de viață este o persoană bună și le va merge bine în final. Apoi, conform încrederii acordate, soția sau soțul va excela în domeniul său și va avea succes în tot ce face.

Încrederea și credința pot fi standarde cu ajutorul cărora putem măsura puterea dragostei. Prin urmare, a L crede pe Dumnezeu pe deplin înseamnă a-L iubi pe deplin. Avraam, părintele credinței, a fost numit prietenul lui Dumnezeu. El a împlinit fără ezitare porunca lui Dumnezeu de a-l duce pe Isaac ca jertfă. A putut face acest lucru pentru că L-a crezut pe Dumnezeu fără nicio rezervă. Dumnezeu a văzut credința lui Avraam și i-a validat dragostea.

Dragostea înseamnă credință. Cei ce Îl iubesc pe Dumnezeu fără rezerve, Îl vor crede pe deplin. Ei cred toate cuvintele lui Dumnezeu în procent de 100% și, pentru că ei cred totul, ei suferă totul. Pentru a face față tuturor lucrurilor care sunt împotriva dragostei, trebuie să avem credință. Altfel spus, numai când credem toate cuvintele lui Dumnezeu vom putea nădăjdui totul și ne vom putea tăia inima împrejur pentru a ne lepăda de orice este împotriva dragostei.

Desigur, în sens mai restrâns, nu înseamnă că L-am crezut pe Dumnezeu pentru că L-am iubit de la început, Dumnezeu ne-a iubit mai întâi iar noi, crezând acest lucru, am ajuns să Îl iubim pe Dumnezeu. Cum ne-a iubit? Prin faptul că Și-a dat singurul Său Fiu pentru noi, care eram păcătoși, pentru a ne deschide calea spre mântuire.

La început, ajungem să Îl iubim pe Dumnezeu crezând acest lucru dar, dacă vom cultiva complet dragostea spirituală, vom ajunge la un nivel la care credem pe deplin pentru că iubim. Cultivarea dragostei spirituale înseamnă lepădarea de toate neadevărurile din inimă. Dacă nu mai avem neadevăruri în inimă, vom primi credință spirituală de sus pentru a putea crede din adâncul inimii. După aceea, nu ne vom mai putea îndoi de Cuvântul lui Dumnezeu, iar încrederea noastră în El nu va mai putea fi clintită. De asemenea, când cultivăm pe deplin dragostea spirituală, vom avea încredere în oricine. Nu pentru că oamenii sunt demni de încredere ci pentru că, atunci când au multe păcate și neajunsuri, îi vom privi cu ochii credinței.

Trebuie să fim dispuși să avem credință în orice persoană. De asemenea, trebuie să avem credință în noi înșine. Deși avem multe defecte, trebuie să credem în Dumnezeu și El ne va schimba. Trebuie să ne privim cu ochii credinței, cu încrederea că ne vom schimba în curând. Duhul Sfânt ne șoptește mereu în inimă: „O să reușești. Te voi ajuta." Dacă credeți această dragoste și mărturisiți: „Pot să reușesc, pot să mă schimb", atunci Dumnezeu va duce la îndeplinire acest lucru conform mărturisirii voastre de credință. Cât este de frumos să avem credință!

Și Dumnezeu crede în noi. El a crezut că fiecare din noi va ajunge să cunoască dragostea lui Dumnezeu și calea mântuirii. Datorită faptului că ne-a privit cu ochii credinței, L-a dat ca jertfă pe cruce pe singurul Său Fiu, Isus, fără rezerve. Dumnezeu crede că și cei care încă nu Îl cunosc sau nu cred în Domnul vor fi mântuiți și vor veni la Dumnezeu. Tot astfel, El crede că cei care L-au primit deja pe Domnul vor fi transformați în copii ce se vor asemăna cu Domnul foarte mult. Haideți să credem în orice persoană cu această dragoste a lui Dumnezeu.

14. Dragostea nădăjduieşte totul

Se spune că următoarele cuvinte sunt scrise pe una din pietrele funerare de la Westminster Abbey în Marea Britanie: „În timpul tinereţii mele am vrut să schimb lumea, dar nu am reuşit. La vârsta mijlocie and încercat să îmi schimb familia, dar nu am reuşit. Doar spre sfârşitul vieţii mi-am dat seama că aş fi putut schimba toate aceste lucruri dacă m-aş fi schimbat pe mine însumi."

De obicei, oamenii încearcă să îi schimbe pe alţii dacă nu le plac anumite lucruri la aceştia. Însă, este aproape imposibil să schimbi pe alţi oameni. Unele cupluri căsătorite se ceartă din motive puerile cum ar fi modul de scoatere a pastei de dinţi din tub, din partea de sus sau din partea de jos. Trebui să ne schimbăm pe noi înşine înainte de a încerca să schimbăm pe altcineva. Apoi, arătându-ne dragostea pentru ei, putem aştepta ca să se schimbe, cu nădejde reală că o vor face.

Să nădăjduim totul înseamnă să ne dorim şi să ne aşteptăm ca tot ce credem să se împlinească. Adică, dacă Îl iubim pe Dumnezeu, vom crede orice Cuvânt al lui Dumnezeu şi vom nădăjdui că totul se va face după Cuvântul Lui. Nădăjduiţi că va veni vremea la care să împărtăşiţi dragostea cu Dumnezeu Tatăl pentru totdeauna în frumoasa Împărăţie Cerească. Prin urmare, înduraţi toate lucrurile ca să alergaţi în cursa credinţei. Dar ce se întâmplă dacă nu mai este speranţă?

Cei ce nu cred în Dumnezeu nu pot avea nădejde pentru Împărăţia Cerească. De aceea, ei trăiesc după dorinţele lor, pentru că nu au speranţă pentru viitor. Ei încearcă să acumuleze cât mai multe lucruri şi se frământă cum să îşi satisfacă lăcomia. Însă, oricât de multe lucruri ar avea și oricât de mult s-ar bucura de ele, nu pot fi pe deplin satisfăcuți. Își trăiesc viețile temându-se de viitor.

Pe de altă parte, cei care cred în Dumnezeu nădăjduiesc totul, astfel că merg pe calea îngustă. De ce se numește cale îngustă? Fiindcă în ochii celor care nu cred în Dumnezeu este îngustă. Când Îl primim pe Isus Cristos și devenim copii ai lui Dumnezeu, stăm la biserică toată duminica, fără să participăm la formele de plăceri lumești. Lucrăm pentru Împărăția lui Dumnezeu benevol și ne rugăm să trăim după Cuvântul lui Dumnezeu. Aceste lucruri sunt greu de făcut fără credință, de aceea se spune că este o cale îngustă.

În 1 Corinteni 15:19, apostolul Pavel spune: „Dacă numai pentru viața aceasta ne-am pus nădejdea în Hristos, atunci suntem cei mai nenorociți dintre toți oamenii." Dacă privim lucrurile din punct de vedere lumesc, o viață în care cineva trebuie să îndure multe și să muncească din greu, pare a fi o povară. Dar, dacă nădăjduim totul, această cale aduce mai multă fericire decât oricare alta. Dacă suntem împreună cu cei dragi, vom fi fericiți chiar și într-o casă mai sărăcăcioasă. Mai mult, dacă ne gândim că vom trăi cu Domnul pentru totdeauna în Cer, cât de fericiți vom fi! Numai gândul la acest lucru ne face bucuroși și fericiți. În acest fel, cu dragoste adevărată, așteptăm neclintiți și nădăjduim până când lucrurile pentru care avem credință se vor întâmpla întocmai.

Faptul că privim lucrurile prin perspectiva credinței are un efect puternic. De exemplu, să presupunem că unul din copiii voștri o ia pe o cale greșită și nu învață la școală. Chiar și acest copil, dacă credeți în el, spunându-i că o să reușească, și vă uitați la el, încredințați că se va schimba, poate deveni un copil bun în orice moment. Credința pe care părinții o au în copii le va stimula schimbarea în bine și încrederea de sine. Copiii care au încredere de sine sunt încredințați că pot face orice; ei vor putea depăși dificultăți, iar o astfel de atitudine le îmbunătățește performanța academică.

Același lucru se aplică și când ne ocupăm de sufletele din biserică. Oricare ar fi situația, nu trebuie să tragem concluzii pripite despre nimeni. De asemenea, nu trebuie să ne descurajăm, gândindu ne: „Se pare că este foarte greu pentru persoana asta să se schimbe", sau „nu s-a schimbat deloc". Trebuie să ne uităm la toți oamenii cu ochi plini de speranța că se vor schimba în curând și că vor fi copleșiți de dragostea lui Dumnezeu. Trebuie să continuăm să ne rugăm pentru ei și să-i încurajăm, spunându-le că vor reuși și crezând acest lucru.

15. Dragostea suferă totul

În 1 Corinteni 13:7 scrie: „[Dragostea] acoperă totul, crede totul, nădăjduieşte totul, suferă totul." Dacă iubiţi puteţi suferi totul. Dar ce înseamnă „a suferi, a îndura"? Când îndurăm lucruri care nu au fost făcute în dragoste apar nişte urmări. Când vântul suflă pe lac sau pe mare, acesta va crea valuri. Chiar dacă vântul se linişteşte, unduirile rămân. Chiar dacă suferim totul, situaţia nu se va schimba imediat după ce îndurăm, ci vor fi nişte urmări.

De exemplu, Isus a spus în Matei 5:39 „Dar Eu vă spun: să nu vă împotriviţi celui ce vă face rău. Ci, oricui te loveşte peste obrazul drept, întoarce-i şi pe celălalt." Deci, dacă cineva vă loveşte peste obrazul drept, nu ripostaţi, ci suferiţi. Se termină însă lucrurile aici? Nu, ci vor exista nişte efecte. Veţi avea durere. Obrazul vă va durea, dar durerea din inimă va fi şi mai mare. Cauza durerii din inimă diferă de la om la om. Unii oameni au durere în inimă fiindcă se gândesc că au fost pălmuiţi fără motiv şi sunt supăraţi din această cauză. Alţii, însă, au durere în inimă pentru că le pare rău că au supărat pe cealaltă persoană. Unora le pare rău când văd un frate care nu îşi poate stăpâni mânia, ci o manifestă fizic, în loc să o facă într un mod constructiv.

Urmarea faptului că suferiţi pentru ceva poate intensifica circumstanţele în care vă aflaţi. De exemplu, cineva v-a pălmuit peste obrazul drept. Conform Cuvântului, l-aţi întors pe celălalt. Apoi vă loveşte şi peste obrazul stâng. Aţi suferit acest lucru conform Cuvântului, dar situaţia s-a intensificat şi pare că s-a înrăutăţit.

Aşa a fost cazul lui Daniel. El nu a făcut compromisuri chiar dacă a ştiut că va fi aruncat în groapa cu lei. Fiindcă L-a iubit pe Dumnezeu, nu a încetat să se roage nici chiar în situaţii care îi ameninţau viaţa. De asemenea, nu s-a purtat rău cu cei care încercau să îl omoare. Dar, au luat lucrurile o întorsătură mai bună pentru că el a suferit în acea situaţie conform Cuvântului lui Dumnezeu? Nu, dimpotrivă Daniel a fost aruncat în groapa cu lei!

Poate ne gândim că toate încercările ar trebui să înceteze dacă suferim cu răbdare lucrurile care nu sunt făcute din dragoste. Atunci, care este motivul pentru care urmează alte încercări? În înţelepciunea Lui, Dumnezeu vrea să ne perfecţioneze şi să ne dea binecuvântări uimitoare. Terenurile vor da recolte bogate dacă vor suferi ploile, vântul şi soarele arzător. Voia lui Dumnezeu este ca, prin încercări, noi să devenim copii adevăraţi ai Lui.

Încercările sunt binecuvântări

Duşmanul diavolul şi Satan perturbă vieţile copiilor lui Dumnezeu când aceştia încearcă să trăiască în Lumină. Satan încearcă întotdeauna să găsească tot felul de motive să acuze oamenii, şi când aceştia au imperfecţiuni, el îi învinuieşte. De exemplu, dacă cineva se poartă urât cu voi, iar voi suferiţi pe dinafară, dar pe dinăuntru aveţi resentimente, duşmanul diavolul şi Satan ştiu acest lucru şi vă învinovăţesc din cauza acestor sentimente. Atunci, Dumnezeu permite încercări în conformitate cu aceste acuzații. Atâta vreme cât nu suntem socotiți ca fiind fără răutate în inimă, vom avea parte de aceste „încercări purificatoare". Însă, chiar dacă ne-am lepădat de păcate și suntem sfințiți complet, încă mai putem avea parte de încercări. Aceste încercări sunt permise ca să ne aducă binecuvântări mai mari. Prin acestea, nu rămânem doar la stadiul în care ne-am lepădat de tot răul, ci vom cultiva o dragoste mai mare și o bunătate mai desăvârșită, ajungând să fim fără pată și fără zbârcitură.

Acest pricipiu este valabil nu doar în cazul binecuvântărilor personale, ci și în lucrarea pentru lărgirea Împărăției lui Dumnezeu. Dacă facem fapte în dragoste și cu credință, trebuie să dovedim că putem primi răspunsul, ca astfel dușmanul diavolul să nu poată obiecta.

Prin urmare, uneori Dumnezeu permite încercări în viețile noastre. Dacă trecem prin ele doar cu bunătate și dragoste, Dumnezeu ne dă ocazia să Îi aducem mai multă slavă și să biruim mai mult, ca mai apoi să ne dea o răsplată mai mare. În special, dacă ați trecut prin persecuții și greutăți pentru Domnul, veți primi cu siguranță mari binecuvântări. „Ferice va fi de voi când, din pricina Mea, oamenii vă vor ocărî, vă vor prigoni și vor spune tot felul de lucruri rele și neadevărate împotriva voastră! Bucurați-vă și înveseliți-vă, pentru că răsplata voastră este mare în ceruri; căci tot așa au prigonit pe prorocii care au fost înainte de voi." (Matei 5:11-12)

Ce înseamnă a acoperi, a crede, a nădăjdui și a suferi totul

Dacă credeți și nădăjduiți totul cu dragoste, puteți depăși orice încercare. Cum anume trebuie să credem, să nădăjduim și să suferim totul?

În primul rând trebuie să avem încredere în dragostea lui Dumnezeu până la sfârșit, chiar în mijlocul încercărilor

În 1 Petru 1:7 scrie: „pentru ca încercarea credinței voastre, cu mult mai scumpă decât aurul care piere, și care totuși este încercat prin foc, să aibă ca urmare lauda, slava și cinstea, la arătarea lui Isus Hristos." El ne purifică ca să fim vrednici să ne putem bucura de laudă, slavă și onoare la sfârșitul vieților noastre pe acest pământ.

De asemenea, dacă trăim după Cuvântul lui Dumnezeu pe deplin și nu facem compromisuri cu lumea, putem trece prin situații în care suferim pe nedrept. De fiecare dată, trebuie să credem că primim o dragoste deosebită de la Dumnezeu. Atunci, în loc să fim descurajați, vom fi recunoscători pentru că Dumnezeu ne va conduce spre locașuri cerești mai bune. Tot astfel, trebuie să credem în dragostea lui Dumnezeu până la sfârșit. Pe calea încercărilor pot fi și dureri.

Dacă durerea este mare și continuă timp îndelungat, putem să ne gândim: „De ce nu mă ajută Dumnezeu? Nu mă mai iubește?" Însă, în aceste situații trebuie să fim conștienți și mai mult de dragostea lui Dumnezeu pentru a putea îndura încercările. Trebuie să credem că Dumnezeu Tatăl dorește să ajungem în locuri cereşti mai bune pentru că ne iubeşte. Dacă răbdăm până la sfârşit, vom deveni copii desăvârşiţi ai lui Dumnezeu. „Dar răbdarea trebuie să-şi facă desăvârşit lucrarea, ca să fiţi desăvârşiţi, întregi şi să nu duceţi lipsă de nimic." (Iacov 1:4)

În al doilea rând, pentru a putea fi răbdători în încercări trebuie să credem că ele sunt calea cea mai scurtă spre împlinirea speranţelor noastre.

Romani 5:3-4 spune: „Ba mai mult, ne bucurăm chiar şi în necazurile noastre; căci ştim că necazul aduce răbdare, răbdarea aduce biruinţă în încercare, iar biruinţa aceasta aduce nădejdea." Necazurile sunt ca o scurtătură care duce la împlinirea speranţelor noastre. Poate vă gândiţi „Când mă voi schimba eu oare?", dar dacă sunteţi răbdători şi vă schimbaţi puţin câte puţin şi din ce în ce mai mult, în final, veţi deveni un copil adevărat şi desăvârşit al lui Dumnezeu, care I se aseamănă Lui.

Prin urmare, când vine o încercare, nu o evitaţi ci daţi-vă silinţele să treceţi cât mai bine prin ea. Desigur, este natural şi este în firea omului să apuce pe calea mai uşoară. Însă, dacă încercăm să evităm încercările, calea noastră va fi mult mai lungă. De exemplu, să presupunem că aţi dat de o persoană care vă face mereu necazuri în orice situaţie. Nu arătaţi lucrul acesta pe dinafară, dar din cauză că vă simţiţi incomod ori de câte ori o întâlniţi, încercaţi să o evitaţi. În acest caz, nu trebuie să ignoraţi situaţia, ci să o depăşiţi în mod activ. Trebuie să suportaţi cu răbdare această dificultate şi să cultivaţi o inimă care să o înţeleagă cu adevărat pe cealaltă persoană și să o ierte. Doar atunci Dumnezeu vă va da har și vă veți schimba. Tot astfel, fiecare încercare va deveni un pas important pe scurtătura care duce la împlinirea speranțelor.

În al treilea rând, ca să suferim totul, trebuie să facem doar ce e bine

Când au de-a face cu consecințe, chiar dacă au răbdat totul după Cuvântul lui Dumnezeu, oamenii murmură împotriva lui Dumnezeu. Ei spun: „De ce nu se schimbă situația chiar dacă am răspuns după Cuvântul lui Dumnezeu?" Toate încercările sunt aduse de dușmanul diavolul și Satan; cu alte cuvinte, dificultățile și încercările sunt lupte între bine și rău.

Pentru a câștiga victoria în această bătălie spirituală, trebuie să ne luptăm după regulile lumii spirituale. Legea lumii spirituale prevede că bunătatea învinge în final. Romani 12:21 spune: „Nu te lăsa biruit de rău, ci biruie răul prin bine." Dacă ne purtăm cu bunătate în acest fel, pare că vom avea de pierdut și că pierdem pe moment, dar în realitate, se întâmplă exact opusul. Acest lucru se datorează faptului că Dumnezeu, care este bun și drept, stăpânește peste toate lucrurile bune sau rele care se întâmplă și peste viața și moartea oamenilor. De aceea, când trecem prin teste, încercări și persecuții trebuie să răspundem doar cu bunătate.

În unele cazuri, credincioșii sunt persecutați de membrii necredincioși ai familiei. În asemenea caz, ei ajung să se gândească: „De ce este soțul meu atât de rău?", sau „De ce este soția mea atât de rea?" Dar asta nu face decât ca încercarea să devină mai grea și să dureze mai mult. Cum puteți să arătați bunătate în această situație? Trebuie să vă rugați cu dragoste și să le slujiți în Domnul. Trebuie să deveniți lumina care strălucește puternic în familia voastră.

Dacă faceți doar fapte bune pentru ei, Dumnezeu Își va face lucrarea la momentul oportun. El va îndepărta pe dușmanul divolul și Satan și va atinge inima membrilor din familie. Toate problemele se vor rezolva atunci când vă purtați cu bunătate după legile lui Dumnezeu. Cea mai importantă armă în lupta spirituală nu este puterea sau înțelepciunea oamenilor, ci bunătatea lui Dumnezeu. Prin urmare, haideți să ne purtăm doar cu bunătate și să facem fapte bune.

Sunt oameni în jurul vostru pe care vă e greu să îi suportați sau cu care vă este greu să petreceți timp? Unii oameni greșesc tot timpul, creează dificultăți și rănesc pe alții. Unii oameni sunt mereu nemulțumiți și devin morocănoși din cauza unor lucruri mărunte. Însă, dacă veți cultiva dragostea adevărată, nu veți mai găsi oameni pe care să nu îi puteți suporta pentru că îi veți iubi pe alții ca pe voi înșivă, după cum ne-a spus Isus să ne iubim aproapele ca pe noi înșine (Matei 22:39).

Dumnezeu Tatăl ne înțelege și are răbdare cu noi în același fel. Câtă vreme cultivați această dragoste în voi, ar trebui să trăiți ca o scoică de mărgăritar. Când un obiect străin, cum ar fi un firicel de nisip, o iarbă de mare sau o bucățică de scoică pătrunde între cochilia și mantaua scoicii, acest obiect devine o perlă prețioasă! În acest fel, dacă vom cultiva dragostea spirituală, vom trece prin porțile de mărgăritar și vom intra în Noul Ierusalim unde se află scaunul de domnie al lui Dumnezeu.

Imaginați-vă doar momentul în care veți trece prin porțile de mărgăritar și vă veți aminti de trecutul vostru pe pământ. Îi vom putea spune lui Dumnezeu Tatăl „Îți mulțumesc că ai răbdat, ai crezut, ai nădăjduit și ai suferit toate lucrurile cu mine", fiindcă El ne va fi modelat inimile atât de frumos precum perlele. Ar trebui să Îi putem spune lui Dumnezeu Tatăl: „Îți mulțumesc că ai îndurat, ai crezut, ai nădăjduit și ai suferit toate lucrurile cu mine", fiindcă El ne va fi făcut inimile atât de frumoase ca perlele.

Caracteristicile dragostei spirituale III

12. Acoperă totul

13. Crede totul

14. Nădăjduiește totul

15. Suferă totul

Dragostea desăvârșită

„Dragostea nu va pieri niciodată. Proorociile se vor sfârși; limbile vor înceta; cunoștința va avea sfârșit. Căci cunoaștem în parte, și proorocim în parte; dar când va veni ce este desăvârșit, acest „în parte" se va sfârși. Când eram copil, vorbeam ca un copil, simțeam ca un copil, gândeam ca un copil; când m-am făcut om mare, am lepădat ce era copilăresc. Acum, vedem ca într-o oglindă, în chip întunecos; dar atunci, vom vedea față în față. Acum, cunosc în parte; dar atunci, voi cunoaște deplin, așa cum am fost și eu cunoscut pe deplin. Acum dar rămîn aceste trei: credința, nădejdea și dragostea; dar cea mai mare dintre ele este dragostea."
1 Corinteni 13:8-13

Când mergeți în Cer, dacă ați putea duce un singur lucru cu voi, care ar fi acela? Aur? Diamante? Bani? Toate aceste lucruri nu sunt de niciun folos în Cer. Acolo, însăși străzile pe care umblați sunt din aur curat. Ceea ce Dumnezeu Tatăl a pregătit în locașurile cerești este atât de frumos și de prețios. Dumnezeu ne cunoaște inimile și ne pregătește cele mai bune lucruri cu tot dragul. Există însă un lucru pe care îl putem lua de pe pământ, lucru care va fi valoros și în Cer. Acest lucru este dragostea pe care am cultivat-o în inima noastră pe perioada în care am trăit pe pământ.

Dragostea rămâne și în Cer

Când cultivarea umană se termină și mergem în Împărăția Cerească, toate lucrurile de pe pământ vor dispărea (Apocalipsa 21:1). Psalmul 103:15 spune: „Omul! zilele lui sunt ca iarba, și înflorește ca floarea de pe cîmp." Chiar și lucrurile intangibile cum ar fi bunăstarea, faima și autoritatea se vor sfârși. Toate păcatele și întunericul precum ura, cearta, invidia și gelozia nu vor mai fi.

Însă, în 1 Corinteni 13:8-10 citim următoarele: „Dragostea nu va pieri niciodată. Proorociile se vor sfârși; limbile vor înceta; cunoștința va avea sfârșit. Căci cunoaștem în parte, și proorocim în parte; dar când va veni ce este desăvârșit, acest „în parte" se va sfârși."

Din moment ce darurile profeției, al limbilor și al cunoștinței lui Dumnezeu sunt lucruri spirituale, de ce se vor sfârși? Cerul este un loc desăvârșit care aparține lumii spirituale. În Cer vom cunoaște toate lucrurile deslușit. Chiar dacă acum putem comunica bine cu Dumnezeu și putem profeți, totuși, nu putem înțelege tot ce ține de Împărăția Cerurilor din viitor. Atunci și acolo, vom putea înțelege pe deplin inima lui Dumnezeu Tatăl și a Domnului astfel că profeția nu va mai fi necesară.

La fel este și cu vorbirea în limbi. Aici, limbile se referă la diferite limbi străine. Pe pământ lumea vorbește diverse limbi și, pentru a putea comunica cu cei care vorbesc o altă limbă, trebuie să învățăm limba lor. Datorită diferențelor culturale este nevoie de mult timp și efort pentru a putea exprima ce gândim și ce simțim. Chiar dacă vorbim aceeași limbă, nu putem înțelege complet ce gândesc sau ce simt alți oameni. Deși vorbim fluent și avem un vocabular bogat, nu este ușor să ne împărtășim gândurile și sentimentele pe deplin. Din cauza cuvintelor nepotrivite putem ajunge la neînțelegeri și certuri. De asemenea, se pot face multe greșeli datorită cuvintelor.

Însă, în Cer nu va trebui să ne îngrijorăm de astfel de lucruri. Acolo este doar o singură limbă, deci nu trebuie să ne facem probleme că nu-i vom înțelege pe alții. Datorită faptului că inima bună se poate exprima ca atare, nu vor fi neînțelegeri sau prejudicii.

Tot așa este și în cazul cunoștinței. Aici, cunoștință se referă la cunoașterea Cuvântului lui Dumnezeu. În timpul vieții noastre pe pământ studiem Cuvântul lui Dumnezeu cu dăruire. Din cele 66 de cărți ale Bibliei învățăm cum putem primi mântuirea și viața veșnică. Descoperim voia lui Dumnezeu, dar aceasta este doar o parte a voii Lui, care se referă la ce trebuie să facem pentru a ajunge în Cer.

De exemplu, auzim, învățăm și punem în aplicare îndemnuri

cum ar fi: „Iubiți-vă unii pe alții", „Nu fiți invidioși, nu pizmuiți" și așa mai departe. Însă, în Cer este numai dragoste, deci nu mai avem nevoie de astfel de învățături acolo. Deși sunt lucruri spirituale, în final, profeția, diversele limbi și toată cunoștința vor dispărea pentru că sunt folosite doar temporar în lumea aceasta fizică.

Prin urmare, este important să cunoaștem Cuvântul adevărului și detalii despre Cer, dar mult mai important este să cultivăm dragostea. În măsura în care ne vom tăia inima împrejur și vom cultiva dragostea, în acea măsură vom putea merge într-un locaș ceresc mai bun.

Dragostea este prețioasă pe vecie

Amintiți-vă de prima dragoste. Cât de fericiți ați fost! Se spune că dragostea este oarbă, deci dacă iubim pe cineva cu adevărat, putem să-i vedem doar trăsăturile positive și toate lucrurile din lume ne pot părea foarte frumoase. Cerul pare mai senin decât altădată și îi putem simți chiar mireasma. În urma unor studii s-a tras concluzia că partea de creier care controlează gândurile critice și negative este mai puțin activă la cei îndrăgostiți. În aceeași ordine de idei, dacă sunteți plini de dragostea lui Dumnezeu în inimă, veți fi la fel de fericiți indiferent dacă mâncați sau nu. În Cer, acest fel de bucurie va dura o veșnicie.

Viața noastră pe pământ este ca viața unui copilaș în comparație cu viața pe care o vom avea în Cer. Un bebeluș care abia începe să vorbească poate spune doar câteva cuvinte simple cum ar fi mami și tati. Nu poate exprima multe lucruri concret, în detaliu. De asemenea, copiii nu pot înțelege lucrurile complexe ale vieții așa cum o fac adulții. Copiii vorbesc, înțeleg și gândesc cu înțelegerea pe care o au ca și copii. Nu au un concept corect despre valoarea banilor, astfel încât, dacă li se oferă o monedă sau o bancnotă, ei aleg moneda. Fac această alegere pentru că știu că monedele au valoare fiindcă le-au folosit să își cumpere bomboane sau acadele, dar ei nu cunosc valoarea adevărată a bancnotelor.

Putem face o paralelă cu înțelegerea pe care o avem despre Cer în timp ce trăim pe pământ. Știm că Cerul este un loc minunat, dar este greu să descriem cât este de frumos în realitate. În Împărăția Cerurilor nu exită limite, astfel că frumusețea poate fi etalată în toată splendoarea. Când ajungem în Cer, vom putea înțelege lumea spirituală nelimitată și misterioasă precum și principiile care guvernează totul. Citim despre aceste lucruri în 1 Corinteni 13:11: „Când eram copil, vorbeam ca un copil, simțeam ca un copil, gândeam ca un copil; când m am făcut om mare, am lepădat ce era copilăresc."

În Împărăția Cerească nu există întuneric, îngrijorări sau anxietate. Acolo găsim doar bunătate și dragoste, deci putem să îi iubim pe ceilalți și să îi slujim cât de mult dorim. Din acest punct de vedere, lumea fizică și cea spirituală sunt complet diferite. Desigur, chiar și aici pe pământ perspectiva și înțelegerea pe care o au oamenii diferă foarte mult în funcție de măsura lor de credință.

În 1 Ioan capitoul 2, fiecare nivel al credinței este asemănat cu diferite stadii de dezvoltare, de la copilași, la copii, tineri și părinți. Cei al căror nivel de credință este ca al unor copilași sau copii, sunt ca niște prunci în cele spirituale. Ei nu pot înțelege lucrurile spirituale profunde și nu au suficientă tărie să pună în aplicare Cuvântul lui Dumnezeu. Însă, în cazul tinerilor și părinților, cuvintele, modul lor de gândire și acțiunile lor sunt diferite. Ei pot pune în aplicare Cuvântul lui Dumnezeu mai bine și pot câștiga bătălii împotriva forțelor întunericului. Cu toate acestea, chiar dacă ajungem la credința părinților aici pe pământ, putem spune că suntem tot copii comparativ cu stadiul la care vom fi când intrăm în Împărăția Cerurilor.

Vom simți dragostea desăvârșită

Copilăria este un timp de pregătire pentru viața de adult. Tot astfel, viața de pe pământ este un timp de pregătire pentru viața veșnică. Această lume trece foarte repede și este ca o umbră în comparație cu Împărăția Cerească eternă. Umbra cuiva nu este persoana adevărată. În alte cuvinte, nu este reală. Este doar o imagine care reflectă persoana reală.

Împăratul David L-a binecuvântat pe DOMNUL în fața adunării și a spus: „Înaintea Ta noi suntem niște străini și locuitori, ca toți părinții noștri. Zilele noastre pe pământ sunt ca umbra și fără nicio nădejde." (1 Cronici 29:15)

Când privim umbra unui obiect, putem să ne dăm seama ce este acel obiect. Tot astfel, lumea fizică se poate asemăna cu o umbră care ne oferă o idee despre lumea eternă. Când umbra, care este viața de pe acest pământ, trece, vom putea vedea clar ce este dincolo. În acest moment, ceea ce știm despre lumea spirituală este vag și neclar, ca și cum ne-am uita într-o oglindă. Însă, când mergem în Împărăția Cerească, vom putea vedea deslușit.

Despre aceasta citim în 1 Corinteni 13:12: „Acum, vedem ca într-o oglindă, în chip întunecos; dar atunci, vom vedea față în față. Acum, cunosc în parte; dar atunci, voi cunoaște deplin, așa cum am fost și eu cunoscut pe deplin." Apostolul Pavel a scris acest Capitol al Dragostei acum 2000 de ani. O oglindă în acea vreme nu reda imaginea atât de clar ca oglinzile pe care le folosim în zilele de azi. Nu era făcută din sticlă, ci din argint, bronz sau oțel bine șlefuit pentru a reflecta lumina. Din acest motiv oglinda nu era clară. Desigur, unii oameni văd și simt Împărăția Cerurilor mai bine pentru că au ochii spirituali deschiși. Cu toate acestea, putem simți doar puțin din frumusețea și fericirea care vor fi în Cer.

Mai târziu, când intrăm în Împărăția Cerească, vom putea vedea fiecare detaliu al Împărăției și îl vom simți în mod direct. Vom cunoaște măreția, tăria și frumusețea lui Dumnezeu, trăsături care nu pot fi descrise în cuvinte.

Dragostea este cea mai mare dintre credință, nădejde și dragoste

Credința și nădejdea sunt foarte importante pentru întărirea credinței. Putem fi mântuiți și putem merge în Cer doar dacă avem credință. Putem deveni copii ai lui Dumnezeu doar prin credință. Credința este foarte prețioasă pentru că prin ea putem primi mântuire, viață veșnică și intrare în Împărăția Cerească. Comoara comorilor este credința, ea fiind cheia pentru a primi răspunsuri la rugăciuni.

Ce putem spune despre nădejde? Și aceasta este prețioasă; putem ajunge în locașuri cerești mai bune dacă avem nădejde.

Deci, dacă avem credință, vom avea și nădejde. Dacă credem în Dumnezeu, în Cer și în iad, vom avea speranță pentru Cer. Din moment ce vom avea speranță, vom încerca să ne sfințim și să lucrăm cu râvnă pentru Împărăția lui Dumnezeu. Credința și nădejdea sunt absolut necesare până când ajungem în Împărăția Cerească. Din 1 Corinteni 13:12 vedem că dragostea este mai mare, dar oare de ce?

În primul rând, credința și nădejdea sunt necesare doar pe timpul vieții noastre pe pământ, însă în Împărăția Cerurilor, doar dragostea rămâne.

În Cer, nu trebuie să credem sau să nădăjduim ceva fără a vedea pentru că totul va fi înaintea ochilor noștri. Să presupunem că aveți pe cineva pe care îl iubiți foarte mult, pe care nu l-ați văzut de-o săptămână, sau chiar mai mult, de zece ani. Sentimentele vor fi mai profunde și mai puternice când vă revedeți după zece ani. După ce vă reîntâlniți cu cel de care v-a fost dor timp de zece ani, cui o să-i mai fie dor?

La fel se întâmplă și în viața creștină. Dacă avem cu adevărat credință și dragoste pentru Dumnezeu, nădejdea noastră va crește pe măsură ce trece timpul și credința noastră se maturizează. Cu cât mai multe zile trec, cu atât mai dor ne va fi de Domnul. Cei care au o astfel de nădejde pentru Cer nu spun că le este greu nici dacă trebuie să meargă pe calea îngustă aici pe pământ și nu vor fi cădea în fața niciunei ispite. Când ajungem la destinația finală, Împărăția Cerurilor, nu vom mai avea nevoie de credință și nădejde. Însă, dragostea rămâne în Cer pentru totdeauna, de aceea Biblia spune că dragostea este cea mai mare.

În al doilea rând, putem ajunge în Cer prin credință dar, fără dragoste, nu putem intra în cel mai frumos loc, Noul Ierusalim

Putem lua Împărăția Cerească cu năvală în măsura în care acționăm cu credință și nădejde. Tot astfel, măsura de credință spirituală pe care o vom primi va depinde de cât de mult trăim după Cuvântul lui Dumnezeu, cât ne lepădăm de păcate și cultivăm o inimă frumoasă, iar această măsură a credinței noastre spirituale va determina în ce locaș ceresc vom ajunge: Paradisul, Prima Împărăție a Cerurilor, a Doua Împărăție, a Treia Împărăție și Noul Ierusalim.

Paradisul este locul în care merg cei care au credință doar pentru a fi mântuiți datorită faptului că Îl primesc pe Isus Cristos. Ei nu au făcut nimic pentru Împărăția lui Dumnezeu. Prima Împărăție a Cerurilor este destinată celor care au încercat să trăiască după Cuvântul lui Dumnezeu după ce L-au primit pe Isus Cristos. Este mult mai frumoasă decât Paradisul. A doua Împărăție a Cerurilor este pentru cei care au trăit după Cuvântul lui Dumnezeu, cu dragoste pentru Dumnezeu și care au fost credincioși în Împărăția Lui. A Treia Împărăție a Cerurilor este locul în care vor merge cei care Îl iubesc pe Dumnezeu cu o dragoste de cel mai înalt nivel, care s-au lepădat de toate formele de păcate și au fost sfințiți. Noul Ierusalim este pentru cei care au o credință pe placul lui Dumnezeu, oameni care au fost credincioși în toată casa Lui.

Noul Ierusalim, un cristaloid al dragostei, este locașul ceresc pregătit pentru copiii lui Dumnezeu care au cultivat o dragoste desăvârșită prin credință. Nimeni, cu excepția lui Isus Cristos, singurul Fiu al lui Dumnezeu, nu ar fi vrednic să intre în Nou Ierusalim. Însă noi, ca ființe create, putem fi îndreptățiți să intrăm, dacă suntem socotiți neprihăniți prin sângele prețios al lui Isus Cristos și dacă avem credință desăvârșită.

Pentru a ne asemăna cu Domnul și a putea locui în Noul Ierusalim, trebuie să umblăm pe calea pe care a umblat și Domnul. Această cale este dragostea. Doar această dragoste poate produce cele nouă roade ale Duhului Sfânt și Fericirile și ne face vrednici să fim numiți adevărați copii ai lui Dumnezeu, care se aseamănă cu Domnul. Odată ce suntem socotiți vrednici să fim copii adevărați ai lui Dumnezeu, vom putea primi orice cerem pe acest pământ și vom avea privilegiul să umblăm cu Domnul în Cer o veșnicie întreagă. Prin urmare, putem merge în Cer dacă avem credință și ne putem lepăda de păcate dacă avem nădejde. Din acest motiv, credința și nădejdea sunt necesare, dar dragostea este cea mai mare pentru că nu putem intra în Noul Ierusalim decât dacă o avem.

„Să nu datoraţi nimănui nimic, decât să vă iubiţi unii pe alţii: căci cine iubeşte pe alţii a împlinit Legea. De fapt: «Să nu preacurveşti, să nu furi, să nu faci nicio mărturisire mincinoasă, să nu pofteşti» şi orice altă poruncă mai poate fi, se cuprind în porunca aceasta: «Să iubeşti pe aproapele tău ca pe tine însuţi.» Dragostea nu face rău aproapelui: dragostea deci este împlinirea Legii."

Romani 13:8-10

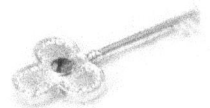

Partea 3

Dragostea este împlinirea legii

Capitolul 1 : Dragostea lui Dumnezeu

Capitolul 2 : Dragostea lui Cristos

Capitolul 1 — Dragostea lui Dumnezeu

Dragostea lui Dumnezeu

„Şi noi am cunoscut şi am crezut dragostea pe care o are Dumnezeu faţă de noi. Dumnezeu este dragoste; şi cine rămâne în dragoste rămâne în Dumnezeu, şi Dumnezeu rămâne în el."

1 Ioan 4:16

În timp ce lucra cu indienii Quechua, Elliot a început să facă pregătiri pentru a ajunge la tribul indian Huaorani [sau Auca, n. trad.], trib renumit pentru violența sa. Acesta, împreună cu alți patru misionari, Ed McCully, Roger Youderian, Peter Fleming și pilotul lor, Nate Saint, au luat legătura cu indienii Huaorani pe când se aflau încă în avion, folosind un megafon și un coș de cadouri. După câteva luni, bărbații au decis să construiască o bază la o distanță scurtă de acest trib, de-a lungul râului Curaray. Acolo au fost întâmpinați de mai multe ori de grupuri mici de indieni Huaorani și chiar l-au dus într-o cursă scurtă pe unul dintre Huaorani, care era mai curios și pe care l-au numit „George" (numele lui adevărat era Naenkiwi). Încurajați de aceste întâlniri prietenoase, au început să își facă planuri să viziteze pe Huaorani, dar aceste planuri nu s-au finalizat din cauza sosirii unui grup mai mare de indieni Huaorani care i-au omorât pe Elliot și pe însoțitorii lui în 8 ianuarie, 1956. În josul văii, au fost găsite trupurile mutilate ale lui Elliot și ale însoțitorilor lui, cu excepția trupului lui Ed McCully, care era puțin mai departe.

Vestea a făcut înconjurul lumii imediat. Astfel, Elliot și prietenii lui au devenit cunoscuți ca martiri, iar revista Life Magazine a publicat un articol de 10 pagini despre misiunea și moartea lor. Datorită lor, interesul în misiunea creștină a crescut între tinerii din acea vreme și ei continuă să fie o încurajare pentru misionarii creștini din întreaga lume. După moartea soțului ei, Elisabeth Elliot și alți misionari au început să lucreze cu indienii Auca, unde au avut un impact profund și mulți s-au convertit. Astfel, au fost câștigate multe suflete prin dragostea lui Dumnezeu.

Să nu datoraţi nimănui nimic, decât să vă iubiţi unii pe alţii: căci cine iubeşte pe alţii a împlinit Legea. De fapt: „Să nu preacurveşti, să nu furi, să nu faci nicio mărturisire mincinoasă, să nu pofteşti" şi orice altă poruncă mai poate fi, se cuprind în porunca aceasta: „Să iubeşti pe aproapele tău ca pe tine însuţi." Dragostea nu face rău aproapelui: dragostea deci este împlinirea Legii. (Romani 13:8-10)

Dintre toate formele de dragoste, cel mai înalt nivel îl are dragostea lui Dumnezeu faţă de noi. Din această dragoste a izvorât şi dorinţa de a crea toate lucrurile şi fiinţele umane.

Dumnezeu a creat toate lucrurile şi fiinţele umane din dragostea Lui

La început, vastul spaţiu al universului era ascuns în Dumnezeu Însuşi. Acest univers este diferit decât cel pe care îl ştim astăzi. Este un spaţiu nemărginit, fără început şi fără sfârşit. Toate lucrurile sunt făcute după voia lui Dumnezeu şi după inima Lui. Atunci dar, dacă Dumnezeu poate face şi poate avea orice doreşte, de ce a creat fiinţele umane?

El Şi-a dorit copii adevăraţi cu care să împărtăşească frumuseţea lumii Lui de care se bucura. A dorit să împartă cu ei spaţiul în care lucrurile devin realitate după dorinţa inimii. Şi noi oamenii dorim acelaşi lucru: să împărtăşim lucrurile bune cu cei pe care îi iubim. Cu această nădejde, Dumnezeu a plănuit cultivarea umană pentru a-i ajuta pe oameni să devină copii adevăraţi.

La început, a împărțit universul în lumea fizică și lumea spirituală, a creat oastea cerească și îngerii, alte ființe spirituale și toate cele necesare din lumea spirituală. A creat un spațiu în care să locuiască El și Împărăția Cerurilor în care vor locui copiii Săi adevărați, și a creat spațiul în care ființele umane să treacă prin cultivarea umană. După ce a trecut o lungă perioadă de timp, El a creat pământul în lumea fizică, precum și soarele, luna, stelele și mediul încojurător, adică tot ce era necesar ca oamenii să poată trăi.

Sunt nenumărate ființe spirituale în jurul lui Dumnezeu, ca de exemplu îngerii, dar acestea ascultă necondiționat, precum roboții. Nu sunt ființe cu care Dumnezeu să-Și poată împărtăși dragostea. Din acest motiv, Dumnezeu a creat oamenii după chipul și asemănarea Sa pentru a-i ajuta să devină copii adevărați cu care să Își împărtășească dragostea. Dacă ați putea avea roboți cu fețe frumoase care să facă tot ce le cereți, i-ar putea ei înlocui pe copiii voștri? Deși copiii nu ascultă din când în când, sunt totuși mai drăguți decât roboții pentru că pot simți dragostea și vă pot arăta dragoste. Este la fel cu Dumnezeu. El a dorit copii adevărați cu care să-Și împărtășească dragostea din inimă. Cu această dragoste, Dumnezeu a creat pe Adam, prima ființă umană.

După ce Dumnezeu l-a creat pe Adam, a făcut o grădină într-un loc numit Eden, spre est, și l-a pus pe Adam acolo. Grădina Edenului i-a fost dată lui Adam din dragostea pe care Dumnezeu o avea față de acesta. Este un loc de o frumusețe misterioasă, în care florile și pomii cresc armonios și animalele încântătoare umblă de colo colo. Peste tot sunt fructe din belșug. Vântul suflă cu o adiere ca de mătase, iar iarba foșnește ușor. Apa sclipește ca niște nestemate care reflectă lumina. Imaginația omului nu este capabilă să exprime frumusețea din acel loc.

Dumnezeu i-a dat lui Adam un ajutor, pe nume Eva. I l-a dat nu pentru că Adam se simțea singur. Dumnezeu a înțeles inima lui Adam dintru început pentru că și El fusese singur multă vreme. Adam și Eva au umblat cu Dumnezeu multă vreme în cel mai frumos mediu de trai și s-au bucurat de mare autoritate ca stăpâni peste toate creaturile.

Dumnezeu cultivă oamenii pentru a-i ajuta să devină copii adevărați

Lui Adam și Evei le lipsea ceva pentru a fi copii adevărați ai lui Dumnezeu. Deși Dumnezeu le-a dat plinătatea dragostei Lui, ei nu puteau să o simtă cu adevărat. Se bucurau de tot ce le dădea Dumnezeu, dar nu puteau obține sau câștiga nimic prin efortul lor. Astfel, ei nu înțelegeau cât de prețioasă era dragostea lui Dumnezeu și nu puteau aprecia ce li se oferea. Mai mult, ei nu experimentaseră moartea sau nefericirea și nu cunoșteau valoarea vieții. Nu experimentaseră ură niciodată și astfel nu puteau înțelege valoarea adevărată a dragostei. Deși au auzit de aceste lucruri și le-au înțeles la nivelul minții, nu puteau simți dragostea adevărată în inimile lor pentru că nu au putut-o experimenta direct.

Motivul pentru care Adam și Eva au mâncat din pomul cunoștinței binelui și răului îl găsim în cele ce urmează. Dumnezeu le-a spus: „căci în ziua în care vei mânca din el vei muri negreșit", dar ei nu cunoșteau pe deplin ce însemna moartea (Geneza 2:17). Oare Dumnezeu nu știa că vor ajunge să mănânce din pomul cunoștinței binelui și răului? Ba da. El a știut dar, totuși, le-a dat voință liberă pentru a alege ascultarea. În înțelepciunea Lui, Dumnezeu a prevăzut cultivarea umană în planul Lui.

Prin cultivarea umană, Dumnezeu a vrut ca toți oamenii să experimenteze lacrimi, întristare, durere, moarte, etc., ca atunci când vor ajunge în Cer să își poată dea seama cât de valoroase și prețioase sunt lucrurile cerești și să se poată bucura de adevărata fericire. Dumnezeu a vrut să-Și împărtășească dragostea cu oamenii pentru totdeauna în Cer, locașul care întrece orice în frumusețe, chiar și Grădina Edenului.

După ce Adam și Eva au neascultat de Cuvântul lui Dumnezeu, nu au mai putut locui în Grădina Edenului. De asemenea, din moment ce Adam a pierdut autoritatea să stăpânească peste toate creaturile, toate animalele și plantele au fost blestemate. Pământul, care odinioară avea mult belșug și frumusețe, a fost blestemat și el. Acum producea spini și pălămidă, iar oamenii nu puteau culege recolta fără osteneală și sudoarea frunții.

Cu toate că Adam și Eva L-au neascultat pe Dumnezeu, El le-a făcut haine din pielea animalelor și i-a îmbrăcat fiindcă urmau să trăiască într-un mediu complet diferit (Geneza 3:21). Dumnezeu trebuie să fi avut o durere arzătoare în inimă asemenea părinților care sunt nevoiți să își trimită copii departe ca să se pregătească pentru viitorul lor. Deși Dumnezeu i-a iubit cu o astfel de dragoste, la scurt timp după începerea cultivării umane, oamenii s-au întinat de păcate și s-au distanțat rapid de El.

Astfel, în Romani 1:21-23 citim: „Fiindcă, măcar că au cunoscut pe Dumnezeu, nu L-au proslăvit ca Dumnezeu, nici nu I-au mulțumit; ci s-au dedat la gândiri deșarte, și inima lor fără pricepere s-a întunecat. S-au fălit că sunt înțelepți, și au înnebunit; și au schimbat slava Dumnezeului nemuritor într-o icoană care seamănă cu omul muritor, păsări, dobitoace cu patru picioare și târâtoare."

Dumnezeu a purtat de grijă și Și-a arătat dragostea față de această omenire păcătoasă prin poporul Său ales, Israel. Pe de-o parte, când oamenii au trăit după Cuvântul lui Dumnezeu, El le-a arătat semne și minuni nemaivăzute și le-a dat binecuvântări mari. Pe de altă parte, când s-au îndepărtat de Dumnezeu, s-au închinat idolilor și au păcătuit, Dumnezeu a trimis mulți profeți ca să le arate dragostea Sa.

Unul din acești profeți a fost Osea, care a trăit într-o perioadă întunecată, după ce Israel s-a scindat în două, Israel în partea de nord și Iuda în partea de sud.

Într-o zi, Dumnezeu i-a dat o poruncă anume, spunându-i: „Du-te și ia-ți o nevastă curvă și copii din curvie" (Osea 1:2). Nu se cădea ca un profet al lui Dumnezeu să ia de soție pe o curvă. Deși nu a înțeles pe deplin intenția lui Dumnezeu, Osea a ascultat de Cuvântul Lui și a luat o soție pe nume Gomera.

Au avut trei copii, dar Gomera s-a dus cu alt bărbat după poftele ei. Cu toate acestea, Dumnezeu i-a spus lui Osea să își iubească soția (Osea 3:1). Osea a căutat-o și a cumpărat-o cu cincisprezece sicli de argint, un omer de orz și un letec de orz.

Dragostea pe care Osea i-a oferit-o Gomerei simbolizează dragostea pe care ne-a arătat-o Dumnezeu nouă. Gomera, femeia curvă, simbolizează toți oamenii care sunt întinați de păcate. După cum Osea a iubit o femeie curvă, tot astfel Dumnezeu ne-a iubit pe noi care eram pătați de păcatele din această lume.

El Și-a arătat dragostea nemărginită, în speranța că toți se vor întoarce de pe calea care duce la moarte și vor deveni copiii Săi. Chiar dacă s-au împrietenit cu lumea și s-au îndepărtat de Dumnezeu pentru o vreme, El nu le spune: „M-ați părăsit și nu vă mai pot primi înapoi." El vrea ca toți să se întoarcă la El și dorința Lui este mai arzătoare decât cea a părinților care așteaptă să li se întoarcă copiii fugiți de acasă.

Dumnezeu L-a ales pe Isus Cristos dinainte de întemeierea lumii

Pilda fiului risipitor din Luca 15 ne arată foarte clar inima lui Dumnezeu Tatăl. Cel de-al doilea fiu, care s-a bucurat de un trai îmbelșugat ca și copil, nu a avut o inimă plină de mulțumire pentru tatăl său și nici nu a înțeles valoarea vieții pe care o ducea. Într-o zi, a cerut anticipat tatălui partea lui de avere. Era un copil răsfățat care cerea averea încă de pe vremea când tatăl lui mai era în viață.

Tatăl nu și-a putut opri fiul fiindcă acesta nu înțelesese deloc inima părinților și astfel i-a dat banii de moștenire. Fiul s-a bucurat și a plecat la drum. Însă, din acel moment, a început durerea tatălui. Se îngrijora foarte mult, gândindu-se: „Dacă se lovește? Dacă întâlnește niște oameni răi?" Tatăl nu putea dormi prea bine din cauză că era neliniștit pentru fiul lui și privea în zare sperând că acesta se va întoarce.

În curând, fiul a rămas fără bani și oamenii au început să se poarte urât cu el. A ajuns într un asemenea hal încât voia să se hrănească cu roșcovele pe care le mâncau porcii, dar nu i le dădea nimeni. Atunci și-a amintit de casa tatălui său. A plecat înapoi spre casă, dar îi părea atât de rău încât nici nu-și putea ține capul sus. Însă, tatăl a alergat înaintea lui și l-a sărutat. Tatăl nu l-a mustrat pentru nimic, ci a fost atât de bucuros încât i-a dat hainele cele mai bune și a tăiat un vițel pentru a sărbători întoarcerea lui. Aceasta este dragostea lui Dumnezeu.

Această dragoste a lui Dumnezeu nu este arătată doar unor anumiți oameni la un anumit moment. În 1 Timotei 2:4 ni se spune că „[Dumnezeu] voiește ca toți oamenii să fie mântuiți și să vină la cunoștința adevărului." El ține poarta mântuirii mereu deschisă și, când se întoarce un suflet la El, îl întâmpină cu multă bucurie și fericire.

Prin această dragoste a lui Dumnezeu, care nu renunță la noi nici în ultima clipă, a fost deschisă calea ca toți să poată fi mântuiți. Astfel, Dumnezeu L-a pregătit pe singurul Său Fiu, Isus Cristos. După cum citim în Evrei 9:22 că, „după Lege, aproape totul este curățat cu sânge; și fără vărsare de sânge nu este iertare", Isus a plătit cu sângele Său prețios și cu viața Sa plata pentru păcate, plată pe care ar fi trebuit să o achite păcătoșii.

Despre dragostea lui Dumnezeu citim și în 1 Ioan 4:9 unde vedem că „Dragostea lui Dumnezeu față de noi s-a arătat prin faptul că Dumnezeu a trimis în lume pe singurul Său Fiu, ca noi să trăim prin El." Dumnezeu L-a lăsat pe Isus să își verse sângele prețios pentru a răscumpăra omenirea de păcate. Isus a fost răstignit, dar El a învins moartea și a înviat a treia zi pentru că era fără păcat. În acest fel, calea spre mântuirea noastră a fost deschisă. Lui Dumnezeu nu i-a fost atât de ușor pe cât pare să Își dea singurul Fiu. Un proverb corean spune ceva de genul: „Părinții nu ar simți durere nici dacă li s-ar băga efectiv copiii în ochi." Mulți părinți consideră viețile copiilor lor mai importante decât propriile vieți.

Prin urmare, faptul că Dumnezeu și-a dat singurul Fiu, Isus, ne arată dragostea supremă. Mai mult, Dumnezeu a pregătit Împărăția Cerurilor pentru cei care se vor întoarce la El prin sângele lui Isus Cristos. Ce mare dragoste este aceasta! Însă dragostea Lui nu se oprește aici.

Dumnezeu ne-a dat Duhul Sfânt ca să ne călăuzească spre Cer

Dumnezeu dă Duhul Sfânt celor ce Îl acceptă pe Isus Cristos și primesc iertarea păcatelor. Duhul Sfânt este inima lui Dumnezeu. Din momentul în care Domnul s-a înălțat la Cer, Dumnezeu a trimis în inimile noastre un ajutor și anume pe Duhul Sfânt.

Romani 8:26-27 spune: „Și tot astfel și Duhul ne ajută în slăbiciunea noastră: căci nu știm cum trebuie să ne rugăm. Dar însuși Duhul mijlocește pentru noi cu suspine negrăite. Și Cel ce cercetează inimile știe care este năzuința Duhului; pentru că El mijlocește pentru sfinți după voia lui Dumnezeu."

Când păcătuim, Duhul Sfânt ne îndeamnă la pocăință prin suspine prea adânci ca să poată fi exprimate în cuvinte. Celor cu puțină credință, El le dă credință; celor fără speranță, El le dă speranță. După cum mamele își mângâie duios copiii și le poartă de grijă, tot astfel El ne călăuzește cu glasul Său ca să nu fim răniți sau vătămați în vreun fel. În acest fel, El ne arată inima lui Dumnezeu care ne iubește și ne conduce spre Împărăția Cerurilor.

Dacă Îi înțelegem dragostea profundă nu putem decât să Îl iubim pe Dumnezeu. Când Îl iubim din toată inima, El ne copleșește cu dragostea Sa atât de mare și de uimitoare. Ne dă sănătate și ne binecuvântează ca toate lucrurile să ne meargă bine. El se poartă astfel pentru că aplică legile lumii spirituale. Dar motivul mai important este că dorește să Îi simțim dragostea prin binecuvântările pe care le primim de la El. „Eu iubesc pe cei ce mă iubesc, și cei ce mă caută cu tot dinadinsul mă găsesc." (Proverbe 8:17)

Ce ați simțit prima dată când L-ați întâlnit pe Dumnezeu și ați primit vindecare sau soluții la diverse probleme? Cu siguranță că ați simțit că Dumnezeu iubește chiar și păcătoșii ca voi. Cred că ce ați simțit în inimă ar putea fi redat așa: „Dacă am putea umple un ocean cu cerneală și dacă cerul ar fi un sul de hârtie, oceanul ar seca dacă am încerca să descriem dragostea lui Dumnezeu." De asemenea, cred că ați fost copleșiți de dragostea lui Dumnezeu care v-a dat Cerul veșnic, unde nu sunt îngrijorări, întristare, boală, despărțire sau moarte.

Nu noi L-am iubit pe Dumnezeu mai întâi, ci El a venit la noi și ne-a întins mâna. Nu ne-a iubit pentru că meritam. Dumnezeu ne-a iubit atât de mult încât Și-a dat singurul Său Fiu pentru noi, cei păcătoși și sortiți pieirii. El ne iubește pe toți și se îngrijește de noi cu o dragoste mai mare decât a unei mame care nu își uită pruncul pe care îl alăptează (Isaia 49:15). El are răbdare cu noi de parcă o mie de ani ar fi doar o zi.

Dragostea lui Dumnezeu este dragostea adevărată și nu se schimbă cu trecerea timpului. Mai târziu, când vom ajunge în Cer, vom rămâne cu gura căscată când vom vedea cununile frumoase, inul subțire strălucitor și locuințele cerești construite cu aur și pietre prețioase pe care Dumnezeu le va fi pregătit pentru noi. El ne răsplătește și ne dă daruri chiar și în timpul vieții noastre pe pământ și așteaptă cu nerăbdare ziua în care va fi cu noi în slava Sa cerească. Haideți să ne bucurăm de dragostea Lui cea mare.

Capitolul 2 — *Dragostea lui Cristos*

Dragostea lui Cristos

„*Trăiți în dragoste, după cum și Hristos ne-a iubit și S-a dat pe Sine pentru noi «ca un prinos și ca o jertfă de bun miros – lui Dumnezeu.»*"
Efeseni 5:2

Dragostea are mare putere să facă imposibilul posibil. Îndeosebi dragostea pe care o are Dumnezeu și Domnul este de-a dreptul uimitoare. Ea poate transforma oameni incompetenți, care nu sunt în stare să facă nimic, în oameni competenți, care pot face totul. Când niște pescari needucați, vameși – care pe vremea aceea erau considerați păcătoși – săracii, văduvele și cei nebăgați în seamă L au întâlnit pe Domnul, viețile lor au fost complet transformate. Sărăcia și boala lor au fost îndepărtate și au simțit o dragoste adevărată pe care nu o mai experimentaseră niciodată înainte. Ei se considerau nevrednici, dar au fost născuți din nou ca instrumente minunate în mâna lui Dumnezeu. Aceasta este puterea dragostei.

Isus a venit pe acest pământ dezbrăcându-se de toată slava cerească

La început Dumnezeu era Cuvântul și Cuvântul S-a făcut trup și a venit pe pământ. Acesta este Isus, singurul Fiu al lui Dumnezeu. El a venit pe pământ ca să mântuiască omenirea roabă păcatului și destinată pieirii. Numele „Isus" înseamnă „El va mântui pe poporul Lui de păcatele Sale." (Matei 1:21)

Oamenii, întinați de păcate, au ajuns să nu se deosebească de dobitoace (Eclesiastul 3:18). Isus S-a născut într-un staul ca să răscumpere oamenii care au renunțat la ceea ce ar fi trebuit să facă și au ajuns să nu se deosebească de animale. A fost așezat într-o iesle folosită pentru a hrăni animalele pentru că urma să devină adevărata hrană pentru oameni (Ioan 6:51). A făcut acest lucru ca oamenii să redobândească chipul lui Dumnezeu și să-și ducă la îndeplinire menirea.

În Matei 8:20 Isus a spus: „Vulpile au vizuini, și păsările cerului au cuiburi; dar Fiul omului n-are unde-Și odihni capul." După cum vedem, El nu avea un loc în care să doarmă și trebuia să își petreacă noaptea pe câmp, în frig și ploaie. Rămânea fără mâncare și îi era foame de multe ori, dar nu pentru că nu putea face nimic, ci suferea ca să ne răscumpere pe noi din sărăcie. Citim despre aceasta în 2 Corinteni 8:9, unde ni se spune: „Căci cunoașteți harul Domnului nostru Isus Hristos. El, măcar că era bogat, S a făcut sărac pentru voi, pentru ca, prin sărăcia Lui, voi să vă îmbogățiți."

Isus Și-a început lucrarea publică cu o minune, când a transformat apa în vin la o nuntă din Cana. El a predicat despre Împărăția lui Dumnezeu și a făcut multe semne și minuni în Iudea și Galilea. Mulți leproși au fost vindecați, șchiopii au început să umble și să salte, și cei care erau erau posedați de demoni au fost eliberați de puterea întunericului. Chiar și un om, care era mort de patru zile și mirosea, a înviat și a ieșit din mormânt (Ioan 11).

Isus a făcut multe astfel de lucruri minunate în timpul lucrării Lui pe pământ pentru a demonstra oamenilor că Dumnezeu îi iubește. Mai mult, având aceeași origine cu Dumnezeu și Cuvântul Însuși, a împlinit Legea fără să se abată de la ea pentru a ne da un exemplu demn de urmat. Datorită faptului că a împlinit Legea pe deplin, nu a condamnat pe cei care au încălcat o și ar fi urmat să moară. El doar a învățat pe oameni adevărul ca unul câte unul să se pocăiască și să primească mântuirea.

Dacă Isus ar fi aplicat standardele legii în mod strict la toată lumea, nici unul nu ar fi putut primi mântuirea. Legea cuprinde poruncile lui Dumnezeu care ne spun ce să facem, ce să nu facem, ce să lepădăm și ce să păzim. De exemplu, sunt porunci cum ar fi „țineți ziua de odihnă ca s-o sfințiți; nu poftiți casa vecinului;

cinstiți-vă părinții și lepădați-vă de orice formă de răutate." Scopul final al legii este dragostea. Dacă țineți toate poruncile și Legea, puteți să vă purtați cu dragoste, cel puțin pe dinafară.

Însă, Dumnezeu dorește ca noi să împlinim Legea nu doar cu fapta, ci și din inimă, cu dragoste. Isus știa foarte bine inima lui Dumnezeu și a împlinit Legea cu dragoste. Unul din exemplele cele mai bune care ilustrează acest lucru este cazul femeii prinsă în preacurvie (Ioan 8). Într-o zi, cărturarii și fariseii au adus pe femeia care a fost prinsă în preacurvie, au pus-o în mijlocul oamenilor și L-au întrebat pe Isus: „Moise, în Lege, ne-a poruncit să ucidem cu pietre pe astfel de femei: Tu, dar, ce zici?" (Ioan 8:5)

Au spus acest lucru ca să-L poată acuza pe Isus. Ce credeți că simțea femeia în acel moment? Cred că era așa de rușinată că păcatul ei fusese descoperit în fața întregii mulțimi și poate tremura de frică pentru că urma să fie omorâtă cu pietre. Dacă Isus ar fi spus: „Omorâți-o cu pietre", ar fi murit lovită de atâtea pietre.

Însă, Isus nu le-a spus să o pedepsească conform Legii, ci s-a aplecat și a început să scrie ceva cu degetul pe pământ. A scris păcatele pe care oamenii de acolo le făceau în comun. După ce le-a enumerat păcatele, s-a ridicat și spus: „Cine dintre voi este fără păcat să arunce cel dintâi cu piatra în ea" (versetul 7). Apoi, S-a aplecat din nou și a început să scrie ceva.

De data aceasta, a scris păcatele fiecărui om de acolo, ca și cum le-ar fi văzut, cu detalii legate de când, unde și cum au fost comise. Cei care au avut mustrări de conștiință au plecat unul câte unul. În final, a rămas doar Isus cu femeia. În versetele 10 și 11 citim continuarea: „Atunci S-a ridicat în sus; și, când n-a mai văzut pe nimeni decât pe femeie, Isus i-a zis: «Femeie, unde sunt pârâșii tăi? Nimeni nu te-a osândit?» «Nimeni, Doamne», I-a răspuns ea. Şi Isus i-a zis: «Nici Eu nu te osândesc. Du-te, şi să nu mai păcătuieşti.»"

Oare femeia nu ştia că pedeapsa pentru preacurvie era uciderea cu pietre? Desigur că ştia. Ea cunoştea Legea, dar a păcătuit pentru că nu şi-a putut controla pofta. Aştepta doar să fie omorâtă din moment ce i se dăduse pe faţă păcatul, dar cât de mişcată trebuie să fi fost când a experimentat iertarea lui Isus în mod neaşteptat! Câtă vreme îşi amintea de dragostea lui Isus, nu putea să mai păcătuiască din nou.

Din moment ce Isus a iertat-o pe femeia care a încălcat Legea, să înţelegem că Legea nu mai este valabilă atâta timp cât avem dragoste pentru Dumnezeu şi pentru aproapele nostru? Nu, ea încă este valabilă. Isus a spus: „Să nu credeţi că am venit să stric Legea sau Prorocii; am venit nu să stric, ci să împlinesc." (Matei 5:17)

Putem face voia lui Dumnezeu mai bine din cauză că avem Legea. Dacă cineva spune că Îl iubeşte pe Dumnezeu, nu putem măsura adâncimea şi lărgimea dragostei. Dar, fiindcă avem Legea, măsura dragostei poate fi verificată. Dacă acea persoană Îl iubeşte pe Dumnezeu din toată inima, desigur că va ţine Legea. Unei astfel de persoane nu îi este greu să împlinească legea şi, în măsura în care ţine Legea cum trebuie, va primi dragostea lui Dumnezeu precum şi binecuvântări.

Fariseii din vremea lui Isus nu erau interesaţi de dragostea lui Dumnezeu care se regăseşte în Lege. Ei nu căutau să îşi sfinţească inima, doar ţineau nişte obiceiuri. Se simţeau validaţi şi chiar se mândreau că ţin Legea pe dinafară. Ei credeau că împlinesc Legea, prin urmare judecau şi condamnau pe cei care-o încălcau. Când Isus le-a demonstrat cum se ţine cu adevărat Legea şi le-a arătat inima lui Dumnezeu, au spus despre El că nu are dreptate şi că are drac.

Din moment ce fariseii nu aveau dragoste, faptul că țineau Legea nu le folosea la nimic (1 Corinteni 13:1-3). Nu se lepădau de răul din inimile lor, ci doar judecau și condamnau pe alții, prin urmare se îndepărtau de Dumnezeu. În final, au păcătuit prin faptul că L-au răstignit pe Fiul lui Dumnezeu, lucru care nu putea fi schimbat.

Isus a împlinit voia lui Dumnezeu cu privire la moartea pe cruce ascultând până la moarte

Spre sfârșitul celor trei ani de lucrare, Isus s-a dus pe Muntele Măslinilor, cu puțin timp înainte să-I înceapă suferințele. Pe măsură ce noaptea se adâncea, Isus se ruga fierbinte știind că urma să fie răstignit. Rugăciunea Lui era o pledoarie pentru mântuirea tuturor sufletelor, prin sângele Lui neprihănit. A fost o rugăciune prin care a cerut putere pentru a putea îndura suferințele crucii. El S-a rugat cu multă râvnă, iar sudoarea Lui s-a transformat în picături de sânge care au căzut pe pământ (Luca 22:42-44).

În acea noapte, Isus a fost prins de soldați și a fost dus din loc în loc pentru a fi interogat. În final, a fost condamnat la moarte la curtea lui Pilat. Soldații romani au pus o cunună de spini pe capul Lui, L-au scuipat și L-au lovit înainte să-L ducă la locul unde urma să fie răstignit (Matei 27:28-31).

Trupul-I era acoperit de sânge. După ce a fost batjocorit și biciuit toată noaptea, a urcat Golgota ducând crucea în spate. O mulțime mare de oameni L-a urmat. Cei care odată L-au aclamat cu „Osana", acum strigau „Răstigniți-L!" Isus avea fața acoperită de sânge încât era de nerecunoscut. Nu mai avea putere fiind extenuat din cauza durerii de pe urma torturilor și Îi era greu să mai meargă înainte.

După ce a ajuns la Golgota, Isus a fost răstignit pentru a ne răscumpăra din păcate. A fost atârnat pe o cruce de lemn și Și-a vărsat sângele pentru a ne izbăvi pe noi de sub blestemul Legii care spune că pedeapsa păcatului este moartea (Romani 6:23). El ne-a iertat păcatele comise la nivelul gândurilor prin faptul că a purtat cununa de spini pe cap. A fost străpuns de cuie în mâini și picioare pentru a ne ierta păcatele făcute cu mâinile și picioarele noastre.

Oamenii nesăbuiți care nu au știut acest lucru L-au batjocorit și au surâs disprețuitor când L-au văzut pe Isus care atârna pe cruce (Luca 23:35-37). Deși avea dureri groaznice, Isus s-a rugat pentru iertarea celor care L-au răstignit după cum vedem în Luca 23:34 – „Tată, iartă i, căci nu știu ce fac!"

Răstignirea este una din cele mai cumplite metode de execuție. Cel condamnat suferă durerea mai mult timp decât în alte forme de pedeapsă. Mâinile și picioarele sunt străpunse, iar carnea se sfâșie. Omul acela suferă de deshidratare severă, iar circulația sângelui este perturbată. Aceasta determină organele interne să nu mai funcționeze bine. Cel executat mai suferă și din cauza insectelor care vin fiindcă miros sângele.

La ce credeți că se gândea Isus în timp ce era pe cruce? Nu se gândea la durerea cumplită din trupul Său, ci la motivul pentru care Dumnezeu a creat oamenii, scopul cultivării lor pe pământ și motivul pentru care a trebuit să Se sacrifice pe Sine ca jertfă de ispășire pentru păcatele oamenilor. Aceste gânduri L-au făcut să aducă rugăciuni de mulțumire din inimă.

După ce Isus a suferit durerea timp de șase ore pe cruce, a spus: „Mi-e sete" (Ioan 19:28). Era o sete spirituală și anume setea de a câștiga sufletele care se îndreaptă spre moarte. Gândindu-Se la nenumăratele suflete care vor trăi pe pământ în viitor, El ne cerea să ducem mesajul crucii şi să mântuim suflete.

În final, Isus a spus: „S-a isprăvit!" (Ioan 19:30) şi, după ce a rostit cuvintele: „Tată, în mâinile Tale Îmi încredinţez duhul!" (Luca 23:46), Şi-a dat ultima suflare. El Şi-a încredinţat duhul în mâinile lui Dumnezeu pentru că Şi-a dus la îndeplinire misiunea de a deschide calea mântuirii pentru omenire prin faptul că a devenit jerfa de ispăşire. A fost momentul în care cel mai mare act de dragoste a fost împlinit.

Din acel moment, zidul de despărţire dintre Dumnezeu şi oameni a fost dat la o parte şi comunicarea directă cu Dumnezeu a devenit posibilă. Înainte de asta, Marele Preot trebuia să aducă jertfe pentru iertarea păcatelor oamenilor, dar acum nu mai este nevoie de acest lucru. Oricine crede în Isus Cristos poate intra în Sfânta Sfintelor a lui Dumnezeu şi poate să Îl laude direct.

Isus ne pregăteşte un loc ceresc prin dragostea Lui

Înainte să poarte crucea, Isus le-a vorbit ucenicilor despre lucrurile care urmau să vină. Le a spus că va trebui să moară pe cruce pentru a împlini voia lui Dumnezeu Tatăl, dar ucenicii erau încă îngrijoraţi. Le-a vorbit apoi despre locaşurile cereşti pentru a le oferi mângâiere.

În Ioan 14:1-3, El a spus: „Să nu vi se tulbure inima. Aveţi credinţă în Dumnezeu şi aveţi credinţă în Mine. În casa Tatălui Meu sunt multe locaşuri. Dacă n-ar fi aşa, v-aş fi spus. Eu Mă duc să vă pregătesc un loc. Şi după ce Mă voi duce şi vă voi pregăti un loc, Mă voi întoarce şi vă voi lua cu Mine, ca acolo unde sunt Eu, să fiţi şi voi." El a învins moartea, a înviat şi S-a ridicat la Cer în fața multor oameni. A făcut acest lucru ca să meargă să ne pregătească un loc în Cer. Dar, ce înseamnă oare: „Mă duc să vă pregătesc un loc"?

În 1 Ioan 2:2 citim că „El este jertfa de ispășire pentru păcatele noastre; și nu numai pentru ale noastre, ci pentru ale întregii lumi." După cum vedem, aceasta înseamnă că toți pot ajunge în Cer prin credință, pentru că Isus a dat la o parte zidul de păcate care era între noi și Dumnezeu.

Isus ne-a mai spus că „În Casa Tatălui Meu sunt multe locașuri" și că dorește ca toți oamenii să primească mântuirea. El nu a spus că sunt multe locașuri în Cer, ci în „Casa Tatălui Meu", fiindcă pe Dumnezeu Îl putem numi „Ava, Tată", prin sângele prețios al lui Isus.

Domnul nostru mijlocește pentru noi necontenit. El se roagă cu ardoare pentru noi înaintea Scaunului de Domnie al lui Dumnezeu, fără să mănânce și fără să bea (Matei 26:29). El se roagă ca noi să biruim în cultivarea umană pe pământ și să arătăm slava lui Dumnezeu prin faptul că sufletelor noastre le merge bine.

Mai mult, când are loc judecata dinaintea Scaunului de Domnie Mare și Alb, după ce se termină cultivarea umană, El încă ne ajută. La judecată fiecare va fi judecat pentru tot ce a făcut, fără cea mai mică eroare. Însă, Domnul va continua să mijlocească pentru copiii lui Dumnezeu și să pledeze, spunând: „Le-am spălat păcatele cu sângele Meu", ca ei să poată primi locașuri mai bune și răsplată mai mare în Cer. Datorită faptului că El a venit pe pământ și a experimentat prin ce trec oamenii, El va vorbi în apărarea oamenilor ca mijlocitor. Cum am putea vreodată înțelege dragostea lui Dumnezeu pe deplin?

Dumnezeu Și-a arătat dragostea pentru noi prin singurul Său

Fiul, Isus Cristos. Această dragoste L-a determinat pe Isus să își dea până la ultima picătură de sânge pentru noi. Este dragostea necondiționată și neschimbătoare prin care El ne iartă de șaptezeci de ori câte șapte. Cine ne poate despărți pe noi de această de dragoste?

În Romani 8:38-39, apostolul Pavel declară: „Căci sunt bine încredințat că nici moartea, nici viața, nici îngerii, nici stăpânirile, nici puterile, nici lucrurile de acum, nici cele viitoare, nici înălțimea, nici adâncimea, nicio altă făptură, nu vor fi în stare să ne despartă de dragostea lui Dumnezeu care este în Isus Hristos, Domnul nostru."

Apostolul Pavel a cunoscut dragostea lui Dumnezeu și dragostea lui Cristos și și-a dat viața pentru a asculta de voia lui Dumnezeu și de a trăi ca apostol. Mai mult, el nu și-a cruțat viața pentru a evangheliza neamurile. A demonstrat dragostea lui Dumnezeu și prin aceasta multe suflete au primit mântuire.

Chiar dacă a fost numit mai marele partidei nazarinenilor, Pavel și-a dedicat viața ca predicator. A dus peste tot dragostea lui Dumnezeu și dragostea Domnului care este mai adâncă și mai mare decât orice altceva. Mă rog în numele Domnului ca să deveniți copii adevărați ai lui Dumnezeu care împlinesc legea cu dragoste și care vor locui veșnic în cel mai frumos locaș ceresc, Noul Ierusalim, unde împărtășesc unii cu alții dragostea lui Dumnezeu și a lui Cristos.

Autorul:
Dr. Jaerock Lee

Dr. Jaerock Lee s-a născut în anul 1943 în Muan, provincia Jeonnam din Republica Coreea. În jurul vârstei de douăzeci de ani, s-a îmbolnăvit de nenumărate boli incurabile din cauza cărora a suferit timp de şapte ani şi îşi aştepta moartea fără vreo speranţă de vindecare. Însă, într-o zi din primăvara anului 1974, condus fiind de sora sa la o biserică în care a îngenunchiat să se roage, Dumnezeul cel Viu l-a vindecat pe loc de toate bolile.

Din momentul în care dr. Lee L-a întâlnit pe Dumnezeul cel Viu prin acea experienţă minunată, L a iubit din toată inima şi cu toată sinceritatea, iar în anul 1978 a fost chemat să fie un slujitor al lui Dumnezeu. S-a rugat stăruitor în multe posturi să înţeleagă voia lui Dumnezeu cu claritate, să o împlinească pe deplin şi să asculte de Cuvântul lui Dumnezeu. În anul 1982, a fondat Biserica Centrală Manmin în Seul, Coreea de Sud, biserică în care au loc nenumărate lucrări ale lui Dumnezeu, inclusiv vindecări miraculoase şi minuni.

În 1986, dr. Lee a fost ordinat ca pastor în cadrul întâlnirii anuale a bisericii „Jesus' Sungkyul Church of Korea", iar patru ani mai târziu, în 1990, predicile sale au început să fie transmise în Australia, Rusia şi Filipine. În scurt timp au fost transmise în mult mai multe ţări prin intermediul Far East Broadcasting Company, Asia Broadcast Station şi Washington Christian Radio System.

Trei ani mai târziu, în 1993, Biserica Centrală Manmin a fost selecţionată printre „Primele 50 de biserici din lume" de către revista Christian World din S.U.A., iar pastorul Jaerock Lee a primit din partea colegiului Christian Faith College, Florida, S.U.A. titlul de doctor onorific în teologie. În 1996 a terminat doctoratul în domeniul slujirii creştine la Kingsway Theological Seminary, statul Iowa, din S.U.A.

Începând din anul 1993, dr. Lee a preluat un loc de conducere în misiunea mondială prin nenumărate campanii de evanghelizare ţinute peste hotare, în Tanzania, Argentina, în S.U.A în oraşele: Los Angeles, Baltimore, New York, în statul Hawaii, în Uganda, Japonia, Pakistan, Kenya, Filipine, Honduras, India, Rusia, Germania, Peru, Republica Democrată Congo, Israel şi Estonia.

În 2002, publicaţii creştine foarte cunoscute din Coreea l-au numit un „iniţiator de treziri spirituale în lumea întreagă" datorită lucrărilor sale pline de putere din însemnate campanii de evanghelizare din străinătate. Campania New York 2006, care s-a ținut în cea mai faimoasă arenă, Madison Square Garden, a fost transmisă în 220 de țări, iar în Campania „Israel United Crusade 2009", care s-a ținut la centrul International Convention Center (ICC) din Ierusalim, a proclamat cu îndrăzneală că Isus Cristos este Mesia și Mântuitorul.

Predicile sale sunt transmise în 176 de țări prin satelit, inclusiv prin GNC TV. Dr. Lee a fost numit unul din primii 10 lideri creștini cu influența cea mai mare în 2009 și 2010 de către revista creștină rusească In Victory și de agenția de știri Christian Telegraph datorită emisiunilor sale televizate și lucrării internaționale de păstorire.

În mai 2013, numărul membrilor Bisericii Centrale Manim era de peste 120.000. Biserica are 10.000 de filiale în lume, care includ cele 56 de filiale din țară. Până în prezent, peste 125 de misionari au fost trimiși în 23 de țări, inclusiv S.U.A, Rusia, Germania, Canada, Japonia, China, Franța, India, Kenya și în multe alte țări.

Până la data publicării acestei cărți, dr. Lee a scris 87 de cărți, inclusiv cărțile de mare succes Gustând viața veșnică înainte de moarte, Viața mea, credința mea - volumele I și II, Mesajul crucii, Măsura credinței, Cerul - volumele I și II, Iadul, Trezește-te Israel și Puterea lui Dumnezeu. Scrierile sale au fost traduse în peste 75 de limbi.

Articolele sale creștine apar în publicațiile Hankook Ilbo, JoongAng Daily, The Chosun Ilbo, The Dong-A Ilbo, The Munhwa Ilbo, The Seoul Shinmun, The Kyunghyang Shinmun, The Korea Economic Daily, The Korea Herald, The Shisa News și The Christian Press.

Dr. Lee deține în prezent funcții de conducere în cadrul mai multor organizații și asociații misionare printre care amintim: președinte al consiliului bisericii United Holiness Church of Christ, președinte al Misiunii Mondiale Manmin (Manmin World Mission), președinte permanent al asociației World Christianity Revival Mission Association, fondatorul și președintele consiliului de conducere al rețelei Global Christian Network (GCN), fondatorul și președintele consiliului director al rețelei World Christian Doctors Network (WCDN) și al Seminarului Internațional Manmin (Manmin International Seminary -MIS).

Alte cărți de același autor

Cerul II

O invitație în orașul sfânt Noul Ierusalim, ale cărui doisprezece porți sunt făcute din perle sclipitoare care se află în mijlocul unui cer imens și strălucesc cu splendoare ca niște nestemate prețioase.

Mesajul Crucii

Un mesaj răsunător de trezire spirituală pentru toți cei adormiți spiritual! În această carte este prezentat motivul pentru care Isus este singurul mântuitor și expresia dragostei adevărate a lui Dumnezeu.

Gustând Viața Veșnică Înainte de Moarte

O autobiografie a dr. Jaerock Lee, care a fost născut din nou și mântuit din valea umbrei morții și care duce o viață exemplară de creștin.

Duh, Suflet și Trup I & II

Un ghid care ne oferă o înțelegere spirituală asupra duhului, sufletului și trupului și ne ajută să vedem ce fel de „eu" avem ca să putem primi putere să învingem întunericul și să devenim oameni ai duhului.

www.urimbooks.com

www.ingramcontent.com/pod-product-compliance
Lightning Source LLC
LaVergne TN
LVHW021814060526
838201LV00058B/3375